Guía Práctica del Camarero

Segunda edición ampliada y corregida

Franklin Díaz

Edición especial para su publicación y venta en papel, en cualquier país del mundo, a través de Amazon
Published by Franklin Díaz at Amazon
Copyright © Diciembre de 2016 Franklin Díaz
El diseño de la portada, la maquetación del interior y la auto-publicación han sido obra única y exclusivamente del autor: Franklin Díaz
Quedan rigurosamente prohibidas, sin la autorización escrita del titular del copyright, bajo la sanción establecida en las leyes, la reproducción total o parcial de esta obra por cualquier medio o procedimiento, comprendidas la reprografía, el tratamiento informático y la distribución de ejemplares de ella mediante el alquiler o préstamo público.
Todos los derechos reservados
ISBN-13: 978-1541309708
ISBN-10: 1541309707
Blog del autor:
http://diazfranklin.wordpress.com

A todos los profesores y tutores que he tenido en los cursos de hostelería que he culminado con éxito durante estos años, y muy especialmente a María José, mi profesora del Curso de Formación para Camareros de Restaurant - Bar de hoteles de cuatro y cinco estrellas, realizado en la provincia de Pontevedra.

A todos los camareros que fueron mis compañeros de trabajo durante estos años, y que en mayor o menor medida contribuyeron a pulir mis conocimientos teóricos y prácticos en este oficio, y muy especialmente a las camareras y camareros de la Red Nacional de Paradores de Turismo de España, del Club Financiero de Vigo y del Hotel Samil de Vigo.

Al personal del Hotel Parador de Turismo de Tuy, y muy especialmente a sus camareras y camareros, al personal de cocina y a su director.

A la memoria de mi amada esposa Ana Cristina.

INDICE

NOCIONES FUNDAMENTALES 13
REGLAS BÁSICAS DEL OFICIO
DE CAMARERO 17
   1.- Postura corporal 20
   2.- Sonrisa 21
   3.- Expresión facial 27
   4.- Posición corporal 28
   5.- Higiene 30
   6.- Uniformes 34
   UNIFORME DE CAMARERO 36
   UNIFORME DE CAMARERA 37
   SERVICIO BÁSICO DE MESA 38
   CUBERTERÍA 38
      Cubiertos para la mesa 39
      Cubiertos para servir 41
   CRISTALERÍA 43
   ORDEN DE COLOCACIÓN DE LAS COPAS 45
   I) Plato y cubiertos con la copa para el agua 47
   II) Plato y cubiertos con las copas para el agua
   y el vino tinto 48
   III) Plato y cubiertos con las copas para el agua,
   el vino tinto y el vino blanco 49
   IV) Plato y cubiertos con las copas para el agua,
   el vino tinto, el vino blanco, el brandy y/o el
   chupito 50
   EL SERVICIO 51
   TIPOS DE SERVICIO 51

I.- Servicio a la Americana 53
II.- Servicio a la Rusa 54
III.- Servicio a la Inglesa 55
IV.- Servicio a la Francesa 56
NORMAS FUNDAMENTALES, COMUNES Y NO
COMUNES A TODO TIPO DE SERVICIO.......................... 57
1.- NORMAS REFERIDAS AL EMPLATADO 58
2.- NORMAS REFERIDAS AL LUGAR POR
EL QUE SE SIRVE 59
3.- NORMAS REFERIDAS AL LUGAR DE
COLOCACIÓN DE BANDEJAS Y/O RECIPIENTES
CUANDO SE SIRVE 61
4.- NORMAS RELATIVAS AL SERVICIO DE
BEBIDAS 62
PROTOCOLO DEL SERVICIO DE
LAS BEBIDAS... 64
5.- NORMAS RELATIVAS AL TRASLADO
DE PLATOS... 66
6.- NORMAS RELATIVAS A LA RECOGIDA
DE PLATOS... 75
7.- NORMAS RELATIVAS AL PINZADO CON
TENEDOR Y CUCHARA 77
8.- NORMAS RELATIVAS A LA COLOCACIÓN
DE PLATOS Y CUBIERTOS CON ANAGRAMAS............. 84
9.- NORMAS RELATIVAS AL SERVICIO DEL PAN........... 85
10.- NORMAS RELATIVAS A LOS RUIDOS 86
11.- NORMAS RELATIVAS AL CAMBIO DE
CENICEROS.. 88
12.- NORMAS RELATIVAS A LA UTILIZACIÓN
DE LAS MESAS DESTINADAS AL USO
DE LOS COMENSALES 90
13.- NORMAS RELATIVAS A LA INTERVENCIÓN
DEL CAMARERO EN CONVERSACIONES
DE COMENSALES 91

14.- NORMAS RELATIVAS AL MOMENTO DE COMENZAR A RECOGER 92
15.- NORMAS RELATIVAS AL DESCORCHADO Y SERVICIO DE VINOS. 94
16.- NORMAS RELATIVAS AL MANEJO DE LA BANDEJA 96
PROTOCOLO 104
NORMAS BÁSICAS DE PROTOCOLO EN EL MUNDO DE LA HOSTELERÍA 104
COCTELERÍA - EL MUNDO DE LOS COCTELES 108
ORIGEN DE LA PALABRA "COCTEL" 109
DEFINICIÓN DE COCTEL 109
HISTORIA 111
COMPOSICION DE UN COCTEL 112
CLASIFICACION DE LOS COCTELES 114
NORMAS BASICAS A TENER CUENTA EN LA PREPARACION DE UN COCTEL 115
CÓMO MEZCLAR TRAGOS 119
DECORACIÓN DE LOS TRAGOS 121
CONSEJOS Y TRUCOS 122
Cómo flamear (encender tragos) 122
Cómo enfriar el vaso 122
Cómo preparar bordes con azúcar o sal 122
Cómo hacer apariencias escarchadas 123
Cómo preparar tragos coloridos 123
Cómo seleccionar las copas 123
Cómo hacer tirabuzones y dar sabor al borde del vaso 124
Cómo preparar bebidas con hielo 124
Cómo preparar bebidas con agua 124
Cómo preparar bebidas con vodka 124
Cómo preparar bebidas con clara de huevo 125
Cómo mezclar las bebidas 125
Cómo servir una bebida 126

Cómo servir un "pousse-café"	126
Cómo abrir una botella de vino	126
Cómo abrir una botella de champagne	127
Cómo limpiar la cristalería	127
EQUIPAMIENTO DEL BAR	129
Coctelera	129
Vaso mezclador	130
Cuchara mezcladora	130
Colador de coctel	131
Licuadora	131
Vaso medidor (Jigger)	131
Ralladores	131
Misceláneos	131
TIPOS DE VASOS Y COPAS	133
Copa de COCTEL	133
Vaso HIGHBALL o TUMBLER	133
Vaso OLD-FASHIONED	134
Vaso COLLINS o ZOMBIE	134
Vaso SOUR	134
Copa GLOBO	134
Copa SHERRY o JEREZ	135
Copa de LICOR o CREMA	135
Copa POUSSE-CAFE	135
Copa para COGNAC o BRANDY	135
Copa para CHAMPAGNE	136
Copa TULIPAN	136
Copa FLAUTA	136
Copa para VINO TINTO	137
Copa para VINO BLANCO	137
Vaso PILSEN	137
Vaso CERVECERO	137
Vaso COLACAO O TODDY	137
DESTILADOS Y LICORES	139
ADVOCAAT	139

AGUARDIENTE	139
AMER PICON	140
ARMAGNAC	140
AKVAVIT	140
AMARETTO	141
ANGOSTURA BITTER (AMARGO DE ANGOSTURA)	141
ANIS	141
APRICOT BRANDY	142
B&B	142
BENEDICTINE	142
BLANKO	142
BOURBON	143
BRANDY	143
BYRRH	143
CACHAZA	144
CALVADOS	144
CAMPARI	144
CASSIS	144
CHERRY BRANDY	145
CHERRY HEERING (PETER HEERING)	145
CHARTREUSE	145
CHICHA DE JORA	145
CHAMPAGNE (CHAMPÁN)	146
CYNAR	148
COÑAC	148
COINTREAU	149
CURACAO	149
DRAMBUIE	149
FERNET	150
GRAND MARNIERR	150
GALLIANO	150
GRAPPA	151
GINEBRA o GIN	151

GENEVER	151
JEREZ	151
KAHLUA	152
KIRSCH	152
KUMMEL	152
MARASCHINO	153
METAXA	153
NOILLY PRAT	153
OPORTO (PORTO)	153
PARFAIT AMOUR (PERFECTO AMOR)	154
PASTIS	154
PISCO	154
PONCHE CREMA	154
PUNTE MES	155
RON	155
SAMBUCA	155
SAKE	155
SHERRY	156
STREGA	156
TEQUILA	156
TRIPLE SECO (TRIPLE SEC)	156
VERMOUTH	157
VODKA	157
WHISKY	158

NOCIONES FUNDAMENTALES

El trabajo de camarero no está catalogado dentro de los oficios que exigen, como requisito indispensable para su ejercicio, de una determinada formación académica. Sin embargo, para llevarlo a cabo sí que es necesario estar en posesión, al menos, de ciertas condiciones, prácticas y conocimientos básicos y fundamentales.

Y no se trata de que sea una actividad sobre la cual no se imparta formación académica, al contrario. Existen decenas de escuelas especializadas en la formación de camareros. Tal es el caso de las escuelas de hostelería, cierta clase de academias privadas, escuelas de formación profesional, etc. En ellas se enseñan los fundamentos teóricos y prácticos de este oficio, y se prepara con minuciosidad al futuro camarero con vistas a hacer de él un verdadero profesional. También hay cursos de hostelería que si bien no son específicos para camareros, incluyen entre sus materias obligatorias el conocimiento de la rama completa del servicio de mesa y todo lo relacionado con la atención de comensales. De lo que se trata es de que, al igual que oficios como el de albañil, pintor o escayolista, no es requisito sine quanom estar en posesión de una titulación académica específica para poder ejercerlo. Si se está en posesión de ella, bien, pero si no, al menos hará falta tener un mínimo de conocimientos de cómo se practica este oficio.

Los restaurantes de prestigio, cruceros de lujo y las cadenas hoteleras más importantes, suelen exigir la profesionalización de su personal, lo cual incluye traer añadido al currículum la acreditación de haberse formado desde el punto de vista teórico y práctico en instituciones dedicadas a estos fines.

Al margen de cualquier tipo de formación profesional, el trabajo de camarero (mesero o mesonero, como se les suele llamar en determinados países), es un oficio eminentemente liberal, es decir, que cualquiera lo puede realizar. Pero hay algo que es esencial a este tipo de actividad; "la práctica". No es posible llegar a ser un buen camarero sin tener la suficiente, y sobre todo "correcta" práctica. Porque si lo que haces lo haces siempre mal, dará lo mismo; nunca serás bueno en esta actividad.

Por muchos estudios y formación conceptual que se pueda tener, en este oficio la experiencia y la destreza valen tanto o más que la teoría. Nuestros empleadores y/o futuros jefes no suelen sentarse a contemplar los currículums para valorarnos. Prefieren ponernos a prueba para ver qué tan buenos somos. Es a través de la contemplación de nuestro trabajo como se van a dar cuenta de la clase de joya que somos. Y hay que decirlo claramente; en este gremio abundan desde los más exquisitos diamantes y preciosos rubíes, hasta las más ordinarias calizas y vulgares carbones. Es decir, los camareros excelentes, los buenos, los malos, los pésimos, y los que no valen para este oficio.

Se suele decir con mucho acierto, que el hábito NO hace al monje. En nuestro caso este dicho tiene perfecta cabida. De nada vale vestirse de camarero si no se sabe hacer este trabajo de forma meridianamente aceptable.

Esta guía está pensada para formar camareros de lujo, de "alto standing", esto es, aquellos que quieren trabajar en lugares distinguidos y eventos de calidad, con clase. No está hecha para quienes quieren aprender a servir copas en bares o tabernas, o para trabajar en lugares que no requieran de un mínimo de categoría, calidad y excelencia en el servicio. Para eso no se necesita ningún tipo de formación. Llevar y traer platos, vasos y cubiertos a una mesa lo puede hacer cualquiera. Eso no tiene ninguna ciencia.

Sin embargo, ser un camarero de lujo sí que necesita de cierta preparación, que aún no siendo adquirida en una academia o escuela de formación, puede obtenerse leyendo y poniendo en práctica las enseñanzas contenidas en este texto. Para eso se ha escrito. Ese es su fin.

REGLAS BÁSICAS DEL OFICIO DE CAMARERO

Generalidades

La esencia del trabajo de camarero de lujo es LA ELEGANCIA, el saber estar. Esas son sus herramientas fundamentales.

Cuando hablamos de elegancia nos referimos a la exquisitez en el movimiento, la forma de posarse, la manera de mirar, cómo sonreír, las facciones básicas del rostro, etc.

Hay quien dice que esto es algo natural; inherente a determinado tipo de seres humanos. Y no negamos que esto pueda ser así. Habrá quienes hayan nacido siendo "elegantes por naturaleza", y habrá también mucho "ordinario por naturaleza".

Esta tesis es muy discutible. De allí que haya muchos a quienes tal hipótesis le suene absurda, como quien esto escribe.

Los que no creemos en semejantes teorías, pensamos que todo se puede aprender, que nadie nace siendo de esta o de aquella manera. Para eso precisamente se han elaborado textos como este; para enseñar cómo hacer.

Detengámonos un instante a pensar... «¿Qué es la elegancia?»

Lo que la elegancia sea como concepto semántico no nos interesa. Lo que aquí nos importa es el significado de esta expresión en el campo de la hostelería, que es a lo que está referido este libro.

La noción de lo que es la elegancia en el submundo de la hostelería no es subjetiva, sino objetiva. Es decir, que no tiene cabida aquí eso de pensar que cada quien tiene su propio concepto, sino que hay un criterio general comúnmente aceptado.

En el mundo de la hostelería hay ciertos patrones, meridianamente definidos, de lo que se entiende por "elegante". Ciertas "formas" de hacer las cosas que denotan esa cualidad específica.

Hay un grupo de pautas, de normas no escritas que todos siguen al pie de la letra. Se trata de un conjunto de comportamientos cuyo seguimiento continuo a través de los años se ha convertido en patrones de conductas.

No nos corresponde a nosotros modificarlos ni criticarlos, sino conocerlos, aprenderlos y aplicarlos en nuestro trabajo.

Estas son algunas de estas normas no escritas:

1.- Postura corporal.

Se debe conservar el cuerpo en posición erguida, derecha, recta. Meter la barriga sacando el pecho al unísono sin llegar a exagerar en la posición. No hay que aparentar ser militares en posición de firmes, sino camareros de lujo, que es muy diferente, aunque haya quienes encuentren entre ambos ciertos parecidos razonables.

Un buen camarero nunca debe asumir posiciones de flacidez corporal, de blandura, de decaimiento, al contrario. Debe mantener, de forma constante, una posición de rigidez, de dureza, de rigurosidad, de formalidad. Evitar dar señales o muestras de flojera, de laxitud, de "blandenguerismo", si se nos permite la expresión.

2.- Sonrisa.

Debemos esbozar en nuestros rostros una imagen constante de sonrisa sincera, cordial, de felicidad. Hay que procurar liberarnos de las tensiones que pueden provocarnos nuestras propias preocupaciones y que pudieran verse reflejadas en ese espejo de nuestra alma que es nuestro rostro.

En este oficio tenemos que, por fuerza, aprender a ser un poco "actores de teatro". Actores de un teatro cuyo escenario es el área en que vamos a desplegar nuestros servicios.

A los clientes que van a un restaurant, banquete, boda o celebración de cualquier tipo, poco le importan nuestros problemas y necesidades, al contrario. Mientras permanecen allí, quieren olvidarse momentáneamente de sus propias dificultades. Lo que quieren es divertirse, entretenerse, deleitarse con nuestras atenciones mientras toman o comen lo que más les apetece. Para eso es que se asiste a las celebraciones; para pasarlo bien, para desconectar del entorno.

Qué desagradable situación es aquella en que, cuando un camarero se acerca a atendernos, trae una cara como la del que se está comiendo un limón con sal. Esa es una muy mala entrada.

Por el contrario, cuando nos topamos con un camarero que nos sonríe de forma cordial, aunque sepamos que su sonrisa es fingida, se abre en nosotros una brecha que nos invita a realizar la misma acción, con lo cual, el propio cliente da el primer paso a la relajación y el agrado por permanecer en ese lugar.

Pensemos por un momento en los presentadores de televisión, o en lo cómicos. Si van a llevar reflejadas en su rostro sus propias preocupaciones internas a sus presentaciones, ¿cuánto tiempo durarían en sus trabajos?. Lo más probable es que sea muy poco.

Esta es una actitud que no todo el mundo puede manifestar con la misma facilidad. Hay quien dice que para él resulta imposible mostrar lo que no siente. También es cierto que a algunas personas se les nota mucho cuando su sonrisa es fingida.

Esto se puede arreglar con un poco práctica y dedicación.

Valgan, en este sentido, los siguientes consejos:

I.- Cuando vayas a ingresar a la sala donde vas a realizar tu labor (piensa en el escenario del teatro que te nombre antes) mentalmente has este ejercicio.

Haz de cuenta que tienes un saco imaginario grande en el que vas a ir vertiendo tus problemas uno a uno a medida que los vas extrayendo de tu cabeza. Ve sacando, por ejemplo, cosas como estas;

a.- La hipoteca de este mes ¿de dónde voy a sacar para pagarla?

b.- ¿Cómo voy a hacer mercado mañana?

c.- ¿Dónde estará mi mujer (o mi marido) ahora y con quién?

d.- ¿De dónde voy a sacar tiempo para presentar los exámenes que se me acercan?

Incluye todos los problemas que en ese momento sepas que te están aquejando y, que sabes bien, no podrás resolver mientras te encuentres atendiendo a tus clientes en las mesas. Tu labor va a requerir que tu mente esté centrada en tu trabajo, no en tus problemas.

Cuando hayas llenado el saco imaginario con tus problemas, hazle un fuerte nudo imaginario también, y, colócalo fuera de tu lugar de trabajo antes de comenzar la faena. Pero eso sí, no olvides retomarlos nuevamente de vuelta cuando termines la faena, no vaya a ser que, por ejemplo, te olvides de llevar ese día la leche a casa y tus niños se queden sin la cena.

II.- Mientras te encuentres realizando tu labor, piensa en algo que te guste mucho. Piensa que te encuentras en un sitio que te agrada sobremanera, como una playa por ejemplo. Puedes intentar imaginar también que estás con el ser que más quieres y que él te está acompañando en ese momento en tu labor; que te ayuda y te apoya. También puedes intentar pensar en lo mucho que te quieren sus seres queridos, en una música que te agrade intensamente, una persona a la que ames, en tu Dios si eres religioso, etc.

Se puede pensar en cualquier cosa que nos guste intensamente, eso nos ayudará bastante a relajarnos y mostrar un rostro más agradable.

Un detalle no quería pasar por alto aquí. Si somos varones, tenemos que tener cuidado con los pensamientos eróticos. No vaya a ser que se nos note algún tipo de "extraña inflamación" entre las piernas. Las damas no creo que tengan ese problema.

Cuando un camarero se acerca a un comensal con una actitud agradable y de placer reflejada en el rostro, logra establecer con mayor facilidad esa relación de empatía tan necesaria y favorable a su trabajo.

El camarero siempre debe procurar hacer sentir bien al cliente, de forma que éste se sienta bien servido y atendido. Tenemos que pensar en cómo nos gustaría ser atendidos a nosotros mismos, y, de esa manera, nos daremos cuenta pronto, de cómo debemos atender a nuestros clientes.

Ocurre que a los individuos de la especie humana nos encanta ser acariciados, esto es, mimados, arrullados, consentidos. Más que un gusto, esto es una verdadera y auténtica necesidad psicológica. Por eso es que donde nos tratan bien, nos gusta volver una y otra vez.

Cuando hay una buena comunicación entre un camarero y su cliente, se crea una especie de relación afectiva, fugaz y temporal (por no hablar de los casos en que los clientes se enamoran de sus camareros o viceversa)

Esta vinculación camarero – cliente debe ser limitada. Debe tener una frontera que si no es fijada por el propio cliente, debe establecerla el camarero dejando claras ciertas pautas desde el principio. Es decir, que lo que no hay es que sobrepasarse.

Pocas cosas son tan desagradables como un cliente exageradamente confianzudo con un camarero al que, por poner un ejemplo, tome de paño de lágrimas para verter sobre él sus penas. Tampoco resulta agradable un camarero que se tome confianzas que no le han dado.

El límite de esa relación temporal tiene que ser impuesto por el propio camarero en casos de exageración, teniendo siempre en cuenta, como no puede ser de otra manera, la elegancia, la cortesía en la respuesta y la pulcritud de trato.

El camarero tiene que entender cuál es su posición y donde se encuentra. El NO es uno de los comensales, sino el camarero. Los clientes tienen un lugar mientras él otro muy distinto. El les sirve y ellos son servidos. Y no es que unos tengan una posición mejor que la del otro, o viceversa. No se trata aquí de valorar eso. Se trata de entender que son posiciones distintas, muy diferentes.

3.- Expresión facial.

No es lo mismo mantener la sonrisa y la cara de felicidad, que una expresión facial de elegancia. Son dos cosas muy distintas.

¿Cómo se logra esto?

Manteniendo una ceja más erguida que la otra. También se puede intentar la postura del ceño fruncido al estilo Rhett Butler en la película "Lo que el viento se llevó".

Esto podrá parecer motivo de risa, pero es una de las cualidades más notorias a tener presente por un buen camarero, y un señal inequívoca de gracia, elegancia y buen gusto.

Existen personas a quienes estas posturas específicas les son en extremo difíciles de asumir. Nada mejor que practicar a solas ante un espejo. No son buenas las posiciones exageradas porque caen en lo ordinario. Lo mejor es una expresión graciosa que combine una semi-sonrisa, ceño ligeramente fruncido, ceja medio alzada, y gestos corporales tales como la posición de los brazos, las manos, el cuerpo, etc.

4.- Posición corporal

Mientras se está en posición de reposo, por cualquier circunstancia, se debe mantener el brazo derecho con la mano cerrada sin apretar colocado en la parte trasera de nuestro cuerpo, esto es, justo en el lugar en que termina nuestra espalda.

El brazo izquierdo, por su parte, deberá colocarse, igualmente con la mano ligeramente cerrada sobre la zona de la mitad de la barriga.

En el brazo izquierdo nunca debe faltar colgado el lito, instrumento fundamental de elegancia en esta posición.

El lito es un paño o instrumento de tela que el camarero utiliza colgado en el brazo izquierdo y que tiene múltiples utilidades, entre otras las siguientes:

a) Sirve para secar las gotas sobrantes en la boca de la botella de vino al servirlo.

b) Se utiliza para envolver las botellas de vino "vistiéndolas" para su servicio. A esta práctica se le critica que tapa la botella con lo que el comensal no observa el tipo de bebida que se le está sirviendo, ni, consecuentemente, sus especificaciones (nombre, bodega, año de cosecha, etc.)

c) A la hora de trasladar platos calientes, se coloca por debajo doblado para evitar quemarse,

Algunos utilizan el lito para limpiar las mesas al final del servicio. Esta es una práctica que denota baja ralea y excesiva falta de gracia del lugar en el que se realiza, por no hablar de su protagonista.

El lito NO es un trapo de cocina.

5.- Higiene

Fundamental en este oficio es mantenerse siempre "muy bien aseado".

El aseo personal implica necesariamente los siguientes elementos:

I.- Aseo personal diario (baño antes y después del servicio)

II.- El pelo muy bien cortado, o, al menos, bien recogido.

En las damas, sobretodo, que son quienes normalmente estilan llevar el pelo más largo que los hombres, el pelo debe ir siempre recogido. Sin ganchos pomposos ni peinados exuberantes, sino más bien con pinzas y/o ganchos pequeños del color del pelo y muy bien disimulados.

III.- Las uñas muy bien cortadas. De ser posible, pintadas con brillo o endurecedor de uñas incoloro. Debe evitarse el uso de pinturas de colores, brillantinas, etc.

IV.- Evitar el maquillaje facial exagerado. Un simple polvillo que ayude a evitar los excesos de sudor y brillo en el rostro es más que suficiente.

V.- Debe usarse gomina o gel. Esto es para dar al pelo la sensación de aseo reciente, además de coadyuvar a evitar en las caídas de pelos en el servicio. Nada más desagradable que encontrarse "un pelo en la comida".

VI.- Evitar el uso de colonias fuertes, fragancias o perfumes similares.

VII.- Es "indispensable" el uso del desodorante para evitar el mal olor que pudiera provenir de un exceso en la sudoración. Pocas cosas son más horribles en este trabajo que un camarero con mal sudor. Solo imaginarlo hace que se le pongan los pelos de puntas hasta al más calvo.

VIII.- Mantener la dentadura limpia y resplandeciente.

Para ello es indispensable realizar la higiene bucal previa al servicio, utilizando pastas dentales o enjuagues bucales. Aquellas personas que tienen el desagradable trastorno de salud conocido como "halitosis" (mal aliento), tienen que procurar enjuagarse la boca regularmente con enjuagues bucales de menta. Eso sí, hay que evitar el masticar chicle ante los clientes. Esta es una práctica vulgar que denota ordinariez y falta de gracia en grado sumo.

IX.- Evitar el uso de prendas personales, y muy especialmente anillos, sortijas, pendientes y, sobretodo, los benditos piercing. El camarero debe pasar como lo que es: un camarero, no un payaso ni un mono de feria. Tiene que evitar en todo momento destacar por el uso de prendas ajenas a su uniforme. No es un bufón que va a un circo a llamar la atención de la gente haciéndoles reír. Es un ser humano que cumple una función determinada muy clara: ¡servir a otros cómo le gustaría ser servido!.

X.- Mantener una prudente distancia física con el cliente. Hay que evitar en todo momento acercarnos tanto al cliente cómo para invadir su esfera interna.

Hay que procurar siempre, que el acercamiento sea sólo lo estrictamente necesario para cumplir con la labor que en ese momento estemos realizando; servicio de emplatado, vertido de bebidas en las copas, etc.

Nunca debemos acercar nuestro rostro al del cliente para hablarle de manera que note nuestro aliento, por más que huela a rosas.

Cuando el cliente nos quiera decir algo, nos acercamos a su lado e inclinamos ligeramente la cabeza colocándola de lado en forma que quede uno de nuestros oídos expuesto a la recepción de su voz, nunca de frente, porque aunque haya quien lo crea, no oímos con la cara, sino con los oídos. Además, esto puede provocar una sensación de alejamiento repentino y automático de su parte.

6.- Uniformes

El uniforme del camarero variará de acuerdo al sitio donde se esté realizando el servicio; al tipo o clase de servicio que se trate (banquetes, comuniones, bodas, etc.); a las exigencias del local; al nivel que se ocupe (ayudante, principal, jefe de sala, maitre), etc.

Independientemente de estas consideraciones, existen unas prendas básicas, comunes a la mayor parte de los servicios de camarero universalmente aceptadas, y que en nuestro guardarropa nunca deberán faltar, a saber:

I.- Pantalón negro de tela fina o falda para las damas, siempre hasta o más abajo de las rodillas o justo en la mitad de ellas. Nunca se deben dejar ver los muslos de las damas. Para ese tipo de trabajo ya hay otras trabajadoras. Las camareras de servicio propiamente dichas nunca deben exponer su feminidad más que lo estrictamente necesario, y hasta el límite que es preciso.

II.- Calcetines negros. Las damas deberán llevar medias del color de su piel.

III.- Zapatos de cuero negros.

IV.- Camisa blanca manga larga (muy blanca, porque existen varios tonos de blanco en este tipo de prendas).

V.- Pajarita negra

VI.- Chaquetilla negra

VII.- Correa de cuero negra

UNIFORME DE CAMARERO

UNIFORME DE CAMARERA

SERVICIO BÁSICO DE MESA

CUBERTERÍA

Durante siglos, el cuchillo fue la única pieza utilizada en la mesa para trinchar los alimentos, y en numerosas ocasiones era el mismo que se empleaba para la cacería. Poco a poco y a partir del siglo XV, se fueron incorporando las piezas que hoy conocemos.

Las mejores cuberterías son las de plata, pero actualmente se puede optar por los prácticos cubiertos de acero inoxidable, vermeil, alpaca y los de aleación de plata, muy duraderos, resistentes, con diseños atractivos y de excelente calidad, que no deslucen en una mesa bien puesta.

Los requisitos de una buena cubertería son: que no adquieran el olor ni sabor de los alimentos, no se rayen, sean fáciles de manejar y posean la dureza adecuada para que no cedan debido a la fuerza con que se trinchan los alimentos.

Cubiertos para la Mesa

El servicio de cubiertos completo para cada comensal (aunque, lógicamente, no se utilizarán todos en la misma comida, es imprescindible tenerlos) comprende:

1.- Cuchara para consomé

2.- Cuchara para sopa, cremas

3.- Cuchara para postre

4.- Cucharita para té o café

5.- Cuchara o paletita para helado

6.- Tenedor para carnes para postre, frutas

7.- Tenedor para pescado

8.- Tenedor para mariscos

9.- Cuchillo para carnes

10.- Cuchillo para postre, frutas

11.- Cuchillo (pala) para pescado

12.- Cuchillito para la mantequilla.

Los cubiertos se colocan en el mismo orden en que van a ser utilizados, de afuera hacia dentro, de modo que los últimos en usarse sean los más próximos al plato.

A la izquierda de éste es el sitio de los tenedores: el de pescado afuera, el de carnes rojas junto al plato. La excepción es el pequeño tenedor de mariscos (tres dientes), que se coloca del lado derecho, junto a los cuchillos.

A la derecha del plato se colocan la cuchara y los cuchillos, primero el de pescado y cerca del plato el adecuado para las carnes rojas, ambos con la hoja (filo) vuelta hacia el mismo.

Otros cubiertos, como el tenedor para la ensalada, se colocan junto al plato en el momento en que se sirven.

En una comida formal nunca se ponen en la mesa más de tres cuchillos y tres tenedores. Sin embargo, hay casos, como el de las bodas, en los que se colocan todos de una sola vez, y se van retirando a medida que el comensal va terminando de utilizarlos.

Los cubiertos para el postre se disponen en la parte superior del plato, con el mango de la cucharita hacia la derecha y del tenedor hacia la izquierda.

Lo importante en la disposición de los cubiertos, si no nos recordamos de estas normas básicas, es que nos detengamos a pensar de qué manera los va a ir tomando el comensal a la hora de ir degustando los platos.

Es muy sencillo. Si se trata de un banquete en el que se van a servir, mariscos, pescados y carnes, se colocarán de adentro hacia afuera los que se van a utilizar en último lugar, es decir, desde el lado del plato hacia el exterior. Así, como de último se tomará la carne, se coloca más pegado del plato el tenedor y cubierto de la carne. Si de primero se tomará marisco, se coloca en primer lugar el utensilio para los mariscos. Si de segundo pescado, se coloca en segundo lugar el tenedor y el cuchillo, o en este caso la pala, para tomar pescado.

Una nota importante a tener en cuenta siempre es que los dientes de los cuchillos siempre van hacia adentro, es decir, hacia el lado donde queda el plato.

Cubiertos para servir

También hacen falta las siguientes piezas para el servicio de alimentos en la mesa:

1.- Tenedor y cuchillo para trinchar

2.- Cuchara y tenedor para guarniciones

3.- Cuchara y tenedor para la ensalada

4.- Cucharón para la sopa

5.- Cucharón para salsas

6.- Cuchillo para partir el pastel y pala para servirlo

7.- Cuchillito o espátula para el paté.

CRISTALERÍA

La elección de las copas merece el mayor cuidado, porque la cristalería forma parte del servicio de mesa y contribuye enormemente a su elegancia.

Existen diferentes estilos de copas. Conviene tener en cuenta que la fantasía del diseño debe respetar algunos requisitos básicos: las copas deben dar sensación de ligereza al tacto de manos y labios, y presentar características que faciliten el servicio.

Se debe huir de las formas talladas, prefiriendo el cristal liso que permite apreciar las características de las bebidas que se van a degustar. Una copa debe ser como una ventana donde el vino se descubre y muestra su color, de tal manera que los ojos puedan percibir a través del cristal transparente algunas de sus cualidades.

De allí que las copas de cristal tintado, rugoso o con surcos, no son aconsejables. Al menos no es restaurantes de alto standing.

La copa para champagne viene en varios estilos, pero la más empleada es del tipo flauta o tulipán, que la conserva fría durante más tiempo y permite apreciar el rosario de finas burbujas que se forma en el interior de esta singular bebida.

Las copas son como son no por gusto, sino por una cuestión lógica. Permite que el comensal la sujete por la unión entre la base y el cuerpo, con lo cual evita transmitirle su calor corporal al líquido que contiene. De allí que mientras más fino sea el cristal, mejor será para mantener la temperatura de la bebida en el momento de ser servida. Esta es la verdadera esencia del sentido estético de la copa.

El número de copas que se colocará para cada invitado será igual al de los vinos que se van a servir, es decir, si se va a servir carne y pescado, y en consecuencia, vino tinto y vino blanco, debe ir una copa para el vino tinto y otra para el blanco. Asimismo, nunca debe faltar la copa para el agua.

Un precisión es importante tener siempre presente; jamás se debe utilizar la misma copa para dos o más tipos de bebida. Se mezclarían los sabores de ambas bebidas, además de constituir una forma de inelegancia de grado extremo.

ORDEN DE COLOCACIÓN DE LAS COPAS

En algunos países de Europa las copas se colocan frente a los platos de modo lineal, recto. En Estados Unidos se sitúan en el lado derecho de cada comensal.

Aparte de este detalle, lo más común a la mayoría de países del mundo es hacer la colocación de la siguiente manera:

La copa para el agua se debe colocar frente al plato de forma exacta, es decir, marcando las doce en punto en el sentido de las agujas del reloj. La copa para el vino tinto se colocará a la derecha de la de agua marcando la una en punto en el sentido de las agujas del reloj. Luego se colocará la copa para el vino blanco de manera que quede marcando la imaginaria de las dos en punto en el sentido de las agujas del reloj. Las tres copas deben formar una línea diagonal perfecta.

La copa para servir el champagne se colocará detrás de la adecuada para servir el agua. Esto solo si se coloca también la de coñac que deberá colocarse a su lado en forma diagonal. En caso contrario, es decir, en caso de que no se coloque copa para el coñac, la copa para el champagne se colocará entre la copa para servir el agua y la copa para servir el vino tinto.

Esta disposición facilita enormemente el servicio de las bebidas, además que es el orden lógico en el que se van a ir consumiendo.

Normalmente los licores, igual que el café, suelen servirse fuera del comedor, por lo que no importa que las copas sean de un estilo diferente al utilizado en la mesa, mientras sean transparentes y de buena calidad. Sin embargo, cuando se vayan a servir en el mismo lugar, se colocarán de la forma que queda estipulada, es decir, entre la copa del agua y la del vino tinto.

Más adelante, en la sección de "Coctelería" se explicará y detallará con un poco más de profundidad, el uso que se debe dar para cada tipo de copas y vasos en concreto. Sin embargo, a continuación mostramos algunas imágenes en las que se puede apreciar la forma cómo deben ir colocadas las copas frente al plato.

I) Plato y cubiertos con la copa para el agua:

II) Plato y cubiertos con las copas para el agua y el vino tinto:

III) Plato y cubiertos con las copas para el agua, el vino tinto y el vino blanco:

IV) Plato y cubiertos con las copas para el agua, el vino tinto, el vino blanco, el brandy y/o el chupito:

EL SERVICIO

Esta es la verdadera esencia del trabajo del camarero. Su razón de ser. Servir a otro es realizar un trabajo tan digno como cualquier otro. No es humillarse ni someterse al vejamen de nadie; es realizar una labor digna, importante, meritoria, noble y desde todo punto de vista respetable.

TIPOS DE SERVICIO

Los tipos de servicio más conocidos son los siguientes:

I.- Servicio a la Americana

II.- Servicio a la Rusa

III.- Servicio a la Inglesa

IV.- Servicio a la Francesa

Veamos en qué consiste cada uno de ellos de forma más específica.

I.- *Servicio a la Americana:*

También se le conoce por el nombre de "Servicio de Emplatado".

Es aquel en que el camarero sirve en la mesa el producto previamente emplatado al comensal.

El camarero traslada el plato directamente al comensal y lo coloca frente a él para que éste lo deguste.

II.- Servicio a la Rusa:

Conocido también como "Servicio en Güerión" o "Con Mesa Auxiliar".

El camarero utiliza una mesa auxiliar en la que traslada los alimentos directamente al comensal, e incluso, en muchas ocasiones los prepara ante él.

Se estila utilizar en esta clase de servicios los denominados "diablillos", que son pequeños envases con fuego encendido con los que se calientan los platos, bandejas o instrumentos en lo que se va a realizar la preparación de los productos a la vista del comensal.

III.- Servicio a la Inglesa:

El camarero sirve directamente al cliente desde una bandeja, plato o fuente. Para ello se vale de una pinza compuesta por una cuchara y un tenedor.

IV.- Servicio a la Francesa:

Es una forma de servicio en la que el camarero ofrece los productos al comensal y es este el que se sirve a su gusto lo que le apetece. El camarero solo hace el papel de sujetar la bandeja o recipiente que contiene los alimentos.

NORMAS FUNDAMENTALES, COMUNES Y NO COMUNES A TODO TIPO DE SERVICIO

Al margen del tipo de servicio que se trate, existen unas normas fundamentales a tener en cuenta siempre y en cada tipo de servicio.

Vamos a estudiarlas a cada una por separado.

1.- NORMAS REFERIDAS AL EMPLATADO

Siempre se emplata por el lado DERECHO del comensal.

Emplatar es colocar el plato frente al comensal en su sitio sobre la mesa.

Como ya se dijo antes, el servicio de emplatado o "Servicio a la Americana" es aquel que se realiza cuando se va a llevar a la mesa un plato que contiene los alimentos ya preparados. Se le coloca el plato al comensal introduciéndolo siempre por su lado derecho, nunca por el izquierdo.

De esa forma se logra una perfecta simetría entre el cuerpo del camarero con el comensal, al introducir el brazo con el plato curveándolo suavemente al torcer el codo cuando se está colocando sobre la mesa.

2.- NORMAS REFERIDAS AL LUGAR POR EL QUE SE SIRVE

Se sirve por el lado IZQUIERDO del comensal.

¿Cómo que "se sirve"? ¿Qué es eso de "servir"?

Cuando hablamos de "servir" nos referimos al acto de trasladar los alimentos desde un recipiente al plato que se encuentra frente al comensal.

El recipiente contentivo de los alimentos, llámese fuente, bandeja, cazuela u otro diferente, deberá ser trasladado por el camarero desde la cocina hasta la mesa del comensal, sobre su mano/brazo izquierdo.

En la mano derecha deberá llevar los utensilios con los que va a servir. Cuando se van a colocar los alimentos sobre el plato del comensal, el camarero deberá introducir ligeramente la fuente por el lado izquierdo del comensal. Luego, haciendo uso de su brazo/mano derecha, procederá a verter con las pinzas, cucharones, o el instrumento adecuado a la ocasión, la cantidad correspondiente al plato que, se supone, ya debe encontrarse frente al comensal.

Este es el procedimiento a seguir cuando se trate de servir directamente cualquier tipo de alimento del camarero al comensal. Tanto si se trata alimentos sólidos (carnes, pescados, ensaladas, etc.), como si se trata de alimentos líquidos (sopas, potajes, cremas, etc.).

3.- NORMAS REFERIDAS AL LUGAR DE COLOCACIÓN DE BANDEJAS Y/O RECIPIENTES CUANDO SE SIRVE

Cuando se esté realizando un "Servicio a la Francesa", esto es, aquel tipo de servicio en que el camarero presenta los alimentos al comensal para que sea este el que se sirva, deberá colocar la bandeja y/o el recipiente contentivo de los alimentos por el LADO IZQUIERDO del comensal.

Esto no se hace así por gusto, sino que es algo lógico, racional. Como se trata de que estamos trasladando la bandeja y/o recipiente en cuestión con el brazo izquierdo, sería una incomodidad tanto para el camarero como para en comensal introducir el brazo izquierdo por el lado derecho. Al hacerlo por el izquierdo se producirá una perfecta sincronía entre el cuerpo del camarero y el del comensal que espera para servirse.

Metiendo el brazo izquierdo por el lado derecho del comensal, prácticamente el camarero le estaría dando la espalda.

4.- NORMAS RELATIVAS AL SERVICIO DE BEBIDAS

Las bebidas se deben servir por el lado DERECHO del comensal, nunca por el izquierdo.

Siempre que vayamos a verter algún líquido en la copa, vaso, taza, etc. de algún comensal, debemos hacerlo por su lado derecho, jamás por el izquierdo.

En cuanto a las medidas, decir que nunca se deben llenar del todo las copas, tazas o vasos de que se trate.

En tratándose de servicio de vino, siempre se deberá servir una cantidad ligeramente inferior a la mitad de la copa.

Esto no solo se hace por cuestión de gracia o elegancia, sino que también tiene una explicación lógica, y es que el vino debe tener espacio en la copa para que el comensal lo oxigene por sí mismo haciéndole pequeños giros a su gusto. No sabe igual un vino recién descorchado y servido, que uno que ya ha sido oxigenado. Los que conocen bien el mundo de los vinos suelen decir que es necesario dejar "respirar" al vino, que no hay que tomarlo directamente al momento de descorchar la botella y servirlo, sino que hay que dejarlo "airearse" un poco.

Los especialistas en temas de vino, conocidos por el nombre de "Sumilleres", suelen encender una pequeña vela debajo del lugar en el que realizan el trasvase de la botella de vino a otro envase desde el cual se servirá posteriormente. Dicen que al quemar el oxígeno de alrededor logran oxigenar más y mejor el cuerpo del vino recién descorchado.

Por otra parte, cuando se trate del servicio de otro tipo de bebidas tales como agua, zumo o gaseosa, se deberán verter solo hasta llegar a las tres cuartas partes de la copa o vaso en cuestión, dejando, con relación al borde, una distancia de uno o dos dedos.

PROTOCOLO DEL SERVICIO DE LAS BEBIDAS

El servicio de un líquido en su recipiente tiene su particularidad individual y definida, es decir, que tiene su propio protocolo.

El procedimiento se deberá realizar así:

Cuando nos acerquemos a servir la bebida, deberemos inclinar ligeramente la botella sobre el recipiente (copa o vaso de que se trate) procurando no verter demasiada cantidad a la vez, sino lentamente y muy despacio.

Procuraremos que al caer el primer chorro en la copa, y los subsiguientes, no se produzcan salpicaduras fuera del envase.

Al finalizar de verter la cantidad de líquido que se va a servir, si se trata de líquidos embotellados (como por ejemplo vinos), inclinaremos la botella hacia atrás bajándola suavemente, y, justo en el momento que vaya a terminar de salir el líquido de la boca de la botella, realizaremos un pequeño giro de la muñeca en el sentido de las agujas del reloj para que el líquido final no gotee sobre la bebida ya servida, y para que no chorree el excedente sobre el cuerpo del envase una vez levantado.

Al traer la botella nuevamente a nuestro regazo, le daremos un ligero toque en la boca con el lito, para que quede perfectamente seca sin rastros que puedan chorrear posteriormente.

Esta es la forma protocolaria de servir una bebida.

5.- NORMAS RELATIVAS AL TRASLADO DE PLATOS

Siempre se deben trasladar solo TRES PLATOS. Esta es la norma general. Dos en la mano/brazo izquierdo y uno en el derecho.

En primer lugar nos colocamos el de la parte baja de la mano, y, luego, sobre los dedos que nos sobresalen y apoyando sobre el brazo, colocamos el segundo. Acto seguido, tomaremos el de la mano derecha procurando no meter los dedos dentro del plato, sino que sea la palma de nuestra mano la que apoye sobre el borde de los platos.

Al momento de servir seguiremos el mismo ritual, pero, esta vez a la inversa. Serviremos en primer lugar el plato que llevamos en la mano derecha, luego el que traemos apoyado en el brazo/dedos izquierdos, y, finalmente el que nos queda sobre la mano izquierda.

Por supuesto, y no creo que esté demás decirlo, se sobreentiende que cada plato tenemos que irlo sirviendo con la mano/brazo derecho en la forma que queda indicada en el numeral primero de estas notas, es decir, por el lado derecho del comensal.

Nota aclaratoria:

Hay que aclarar aquí que lo que se está exponiendo en este texto es lo que según las normas de protocolo del mundo de la hostelería SE DEBE HACER, y no lo que realmente se hace.

Existe un largo número de sitios faltos de gracia y de baja ralea, en los que se le exige al camarero el traslado de diez o quince platos en cada brazo, como si de un pulpo se tratase. Algunos incluso de ufanan de tener cuatro o cinco estrellas. Y no dudamos que así sea, pero estamos seguros que sus estrellas lo son del firmamento, no del mundo de la hostelería, obviamente.

Un camarero de alto standing jamás debe trasladar más de tres platos entre sus dos manos. Y siempre como queda dicho; dos platos en el brazo izquierdo y uno en su mano derecha.

Aclarar también que esta forma de traslado de platos solo se refiere al momento de servir, no al de recoger, que como veremos en el apartado siguiente, es totalmente diferente.

A continuación se anexan algunas imágenes en las que se puede apreciar la forma correcta de coger los platos al momento de trasladarlos de la cocina a la mesa.

I) FORMA DE COLOCAR LA MANO IZQUIERDA PARA TOMAR EL PRIMER PLATO.

(Hay que recordar que solo se deben trasladar DOS PLATOS con la mano izquierda, y uno solo con la derecha)

Se puede colocar la mano izquierda de alguna de estas dos maneras:

a) Encogiendo los dedos y estirando el pulgar:

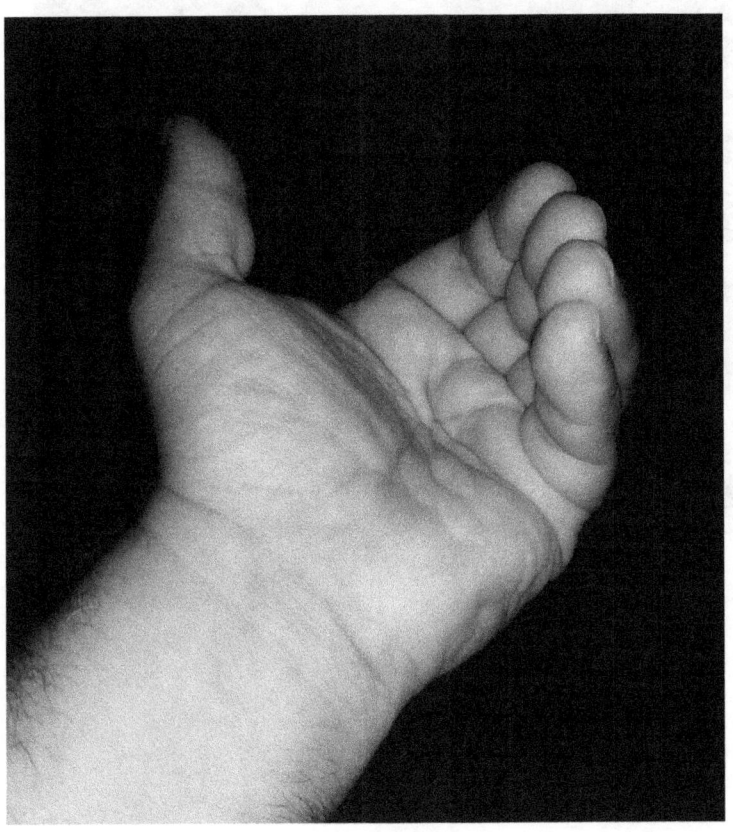

b) Estirando los tres dedos centrales y dejando el meñique y el pulgar por fuera:

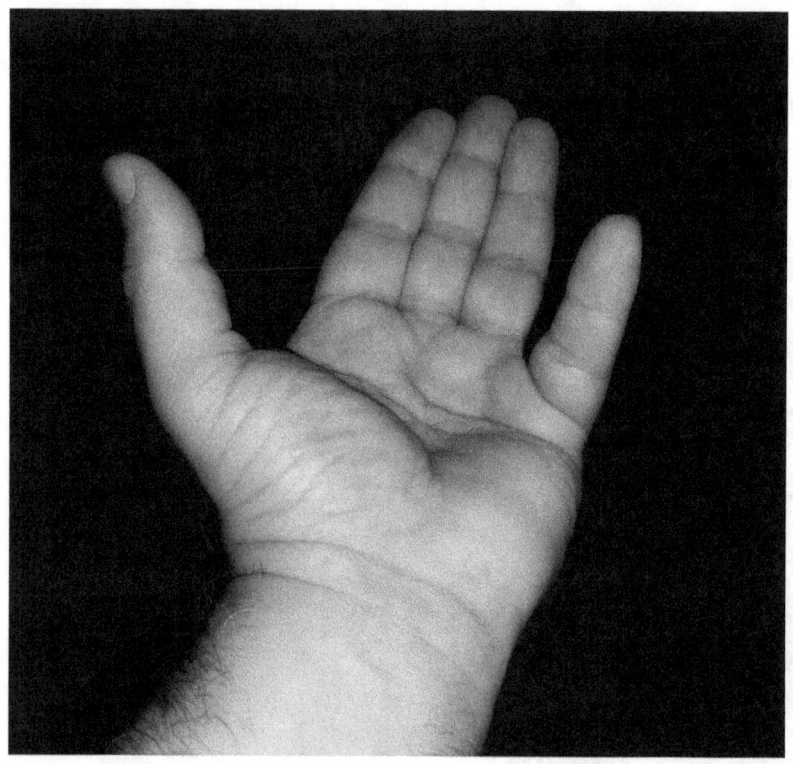

II) Colocamos el primer plato haciéndolo reposar sobre los dedos centrales, esto es, sobre el dedo índice, medio y anular, y dejamos al descubierto los dedos índice y pulgar:

III) Colocamos el segundo plato haciéndolo reposar sobre la punta de los dedos pulgar e índice que deben sobresalir (como se puede ver en la imagen anterior), por una parte, y por la otra sobre el brazo.

De esta manera, así es como debe verse un camarero trasladando dos platos con la mano izquierda y uno con la derecha:

O solo dos platos con la mano izquierda, tal y como puede apreciarse en la siguiente imagen:

6.- NORMAS RELATIVAS A LA RECOGIDA DE PLATOS.

La recogida de platos, una vez finalizado el consumo por parte de los comensales, tiene también su propio protocolo, su propia normativa.

A la hora de recogerlos se deberá colocar solo uno en la mano izquierda, colocando los tres dedos centrales debajo del mismo, y dejando los otros dos dedos en los extremos para que sirvan de engarce.

Seguidamente, iremos recogiendo uno a uno los demás platos, siguiendo siempre el orden de las agujas del reloj en la mesa, y colocando los restos y los cubiertos ordenadamente sobre el primero.

Los platos que van quedando desocupados los vamos apilando sobre el antebrazo del mismo brazo izquierdo sobre el que llevamos el que nos sirve de apilador de restos, dejando siempre la mano/brazo derecho libres para poder ir realizando el proceso.

Cuando ya tengamos la pila o los desechos al límite, podemos recoger el último plato con los desechos y cubiertos y trasladarlo con la mano derecha.

El tamaño de la pila de platos lo limitarán dos elementos fundamentales. Por una parte, la cantidad de restos y cubiertos con que podemos ocupar el primer plato – recolector, y por la otra, la capacidad y la fuerza de nuestro brazo izquierdo para soportar peso.

7.- NORMAS RELATIVAS AL PINZADO CON TENEDOR Y CUCHARA

El pinzado con tenedor/cuchara es una de las expresiones de mayor utilidad y elegancia en el trabajo de un camarero que se precie de ser de alto standing.

La cuchara se coloca en la parte inferior de la mano y el tenedor arriba. Ambos se colocan dentro de la mano y con el pulgar y el meñique se realiza presión sobre el tenedor. Luego, haciendo presión entre el resto de los dedos y el tenedor, se pinza el objeto o alimento que se quiera sujetar.

Es muy recomendable practicar mucho en casa pinzando diversos tipos de objetos para que se pueda obtener una práctica importante.

El uso de las pinzas es un instrumento fundamental e indispensable en el ejercicio de este oficio, y está muy bien visto entre los clientes y dueños de restaurantes, porque no todo el mundo sabe practicarlo bien.

En las siguientes imágenes, explicamos en detalle cómo armar y utilizar la pinza cuchara/tenedor.

En primer lugar, se coloca la cuchara sujetándola con los dedos posteriores de la mano, esto es, los dedos meñique, anular y corazón.

En segundo lugar, colocamos el tenedor en la parte de arriba de la mano, sujetándolo con los dedos índice y pulgar, tal y como se representa en la siguiente imagen:

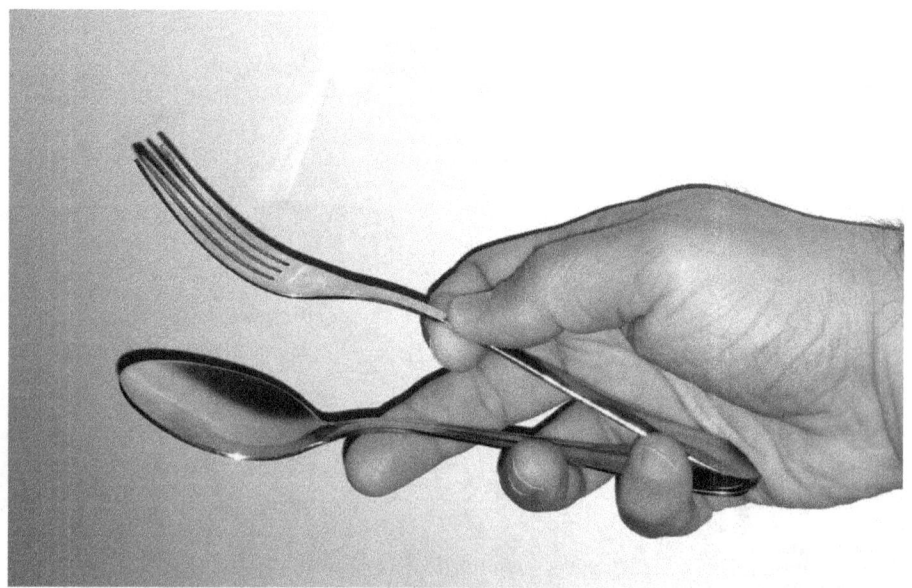

En tercer lugar, movemos los dedos haciendo que la pinza se cierre y la volvemos a abrir. En la siguiente imagen puede verse la pinza cerrada.

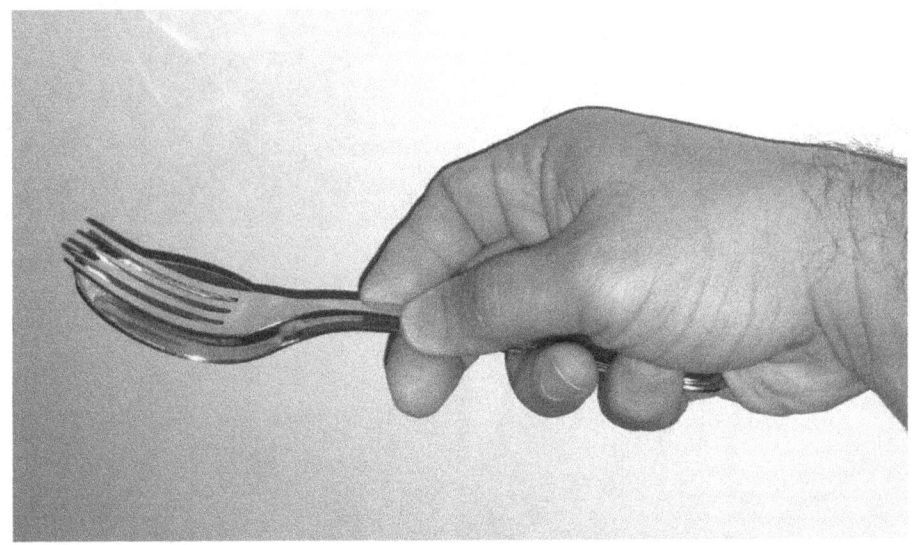

Ya podemos aprisionar objetos con nuestra pinza cuchara/teneror. Desde objetos grandes, como frutas o panes, hasta servilletas de papel o de tela.

Pinzado de una servilleta de papel:

Pinzado de una servilleta de tela:

8.- NORMAS RELATIVAS A LA COLOCACIÓN DE PLATOS Y CUBIERTOS CON ANAGRAMAS

En caso de platos y/o cubiertos con anagramas, es decir, logotipos o marcas comerciales, estos deberán estar orientados siempre hacia el cliente.

En locales y/o restaurantes cuyas vajillas contengan anagramas o emblemas de identificación, estos deben quedar expuestos al cliente de tal forma que éste los pueda observar y distinguir perfectamente, evitando colocarlos al revés o de lado.

9.- NORMAS RELATIVAS AL SERVICIO DEL PAN

El servicio de pan debe realizarse con pinzas cuchara/tenedor, y siempre por el lado izquierdo del comensal, que es el lugar en el que se coloca un platillo para el pan.

Nunca deberá colocarse el pan directamente sobre la mesa desnuda. Para eso el pan tiene su propio recipiente. Y si no lo tiene, por no haberse colocado en el momento de montar la mesa, deberá llevarse y colocarse al lado izquierdo del comensal.

Jamás deberá tocarse el pan con las manos desnudas. Esto, además de ser de un grado de inelegancia sumo, también constituye una clara manifestación de falta de aseo.

10.- NORMAS RELATIVAS A LOS RUIDOS

Se debe evitar, al máximo que sea posible, toda clase de ruidos, murmullos y sonidos en el momento de practicar el servicio.

No se trata de no hacer ruido, lo cual es prácticamente imposible, sino de minimizarlos al máximo de lo que humanamente sea posible.

El traslado de platos, bandejas, cubertería, copas, y demás utensilios debe realizarse minimizando al máximo el contacto de estos entre sí. Para ello se debe utilizar una bandeja con una servilleta de tela debajo.

Se debe evitar hacer ruido con los zapatos, es decir, "taconear" mientras se camina. El arte del taconeo está bien para los bailaores de flamenco, no para los camareros mientras están realizando su servicio.

Asimismo, se debe evitar arrastrar los zapatos al caminar. Esta es una práctica extremadamente ordinaria y vulgar. Hay que tratar de caminar como lo hacen los felinos; en silencio, sin hacer notar nuestra presencia con nuestros sonidos.

Por otra parte, también se deben evitar en todo momento las conversaciones y "cuchicheos" entre empleados. Ese tipo de cuestiones se realizan fuera del lugar en el que se está trabajando. Cuando tengamos que dirigirnos a otro camarero, deberemos procurar hacerlo en voz baja, y a ser posible, preferiblemente con señas discretas.

Hay que tener siempre preparada una muletilla para el traslado de los cubiertos. Una muletilla es un plato o bandeja pequeña con una servilleta de fondo.

11.- NORMAS RELATIVAS AL CAMBIO DE CENICEROS.

Últimamente la prohibición de fumar está cada vez más extendida por el mundo entero. Sin embargo, existen países en los que este tipo de prohibiciones aún están lejos de llegar.

No es el objeto de este manual el estudio y la crítica del tabaquismo, sino las explicaciones inherentes al cambio de ceniceros en hostelería en aquellos sitios en los que aún el consumo de tabaco y/o cigarrillos está permitido.

Como hemos venido viendo a lo largo de este texto, la forma como se hace la mayoría de las cosas en hostelería tiene su protocolo propio. El cambio de ceniceros no es la excepción.

Para cambiar un cenicero usado por otro limpio se deberán seguir los siguientes pasos:

I.- Llevaremos dos ceniceros limpios a la mesa.

II.- Uno de los dos ceniceros limpios lo utilizaremos para colocarlo sobre el usado que vamos a retirar, de forma que le sirva de tapa.

III.- Una vez tapado el cenicero usado, retiraremos ambos ceniceros de la mesa, esto es, el usado y el que le sirve de tapa. Esto se hace así para evitar que vuelen las cenizas por el aire.

IV.- Al unísono, colocaremos el otro cenicero limpio que llevamos con nosotros en el lugar del usado que acabamos de retirar.

12.- NORMAS RELATIVAS A LA UTILIZACIÓN DE LAS MESAS DESTINADAS AL USO DE LOS COMENSALES

No se deben utilizar las mesas destinadas a los comensales para colocar utensilios sucios que vayamos retirando de otra. Para eso están los carritos de servicio, y no siendo así, hay que hacer tantos viajes a la cocina o el fregadero como sean necesarios, sin colocar platos, copas ni cubertería usada en otra mesa desocupada y limpia. Esas mesas no están allí para eso.

13.- NORMAS RELATIVAS A LA INTERVENCIÓN DEL CAMARERO EN CONVERSACIONES DE COMENSALES

Un camarero de alto standing jamás debe intervenir en conversaciones del clientes, salvo, claro está, solicitud expresa de estos. En tal caso, tratará de minimizar al máximo sus exposiciones, y se remitirá exclusivamente a lo que sea estrictamente necesario.

El camarero no está allí para hacer de psicólogo, paño de lágrimas o consultor. Su trabajo es otro muy diferente.

Obviamente, y aunque parezca innecesario decirlo, hay que dejar muy claro que el camarero jamás deberá discutir con los comensales. Tenga o no tenga razón.

Si se le presenta alguna situación desagradable que no sea capaz de resolver por su cuenta, o que note que escapa a sus competencias y atribuciones, deberá acudir inmediatamente al Maitre o al Director del local o establecimiento reclamando su intervención.

14.- NORMAS RELATIVAS AL MOMENTO DE COMENZAR A RECOGER

El acto de ingerir alimentos y bebidas en un restaurant no es solo eso, sino también un acto social que tiene sus propias normas protocolarias. Una de estas normas se refiere al momento de la recogida de platos y copas. La regla general indica que solo se debe comenzar a recoger la mesa cuando TODOS los comensales hayan terminado, nunca antes.

Sin embargo, esta regla tiene una importante excepción; "cuando el cliente así lo demande".

Aquí surge una duda importante: ¿Qué cliente es el que lo tiene que demandar? ¿Sirve con que cualquiera lo pida? Normalmente no.

Todas las mesas, aún aquellas redondas en las que parecen estar todos los comensales en igualdad de condiciones, tienen un presidente, un líder. Se trata de aquella persona que dirige la mesa, el que pide la carta, el que solicita los servicios, el que prueba el vino, etc.

En los restaurantes de alto standing las mesas están dispuestas para que el presidente de la mesa siempre esté visible, que se sepa quién es. Normalmente, es el que se sienta en la cabecera. Es común también que este lugar sea cedido, como un gesto de cortesía, a otra persona a la cual se quiere agasajar. En tal caso, el verdadero presidente de la mesa se muestra como anfitrión.

Un buen camarero tiene que estar siempre atento a estos detalles. Porque es al presidente o líder de la mesa a quien tiene que dirigirse en casos como este que estamos tratando ahora mismo.

Cuando el presidente de la mesa le pida al camarero que retire los platos, aún si haber terminado de comer todos los comensales, el camarero deberá cumplir con esta petición. He aquí la excepción de que hablábamos al comienzo.

Y cuando se trate de que otra persona distinta al presidente de la mesa pida al camarero que recoja la mesa sin que todos los comensales hayan terminado, este deberá consultar con el presidente de la mesa si está o no de acuerdo en proceder ante tal requerimiento.

Es así como se debe proceder en tales circunstancias.

15.- NORMAS RELATIVAS AL DESCORCHADO Y SERVICIO DE VINOS.

El servicio de descorchado de vinos se rige por el siguiente protocolo:

Se debe descorchar la botella delante del presidente de la mesa, si lo hay.

Antes de hacerlo, se le mostrará la botella sujetándola por la parte baja y exponiendo la etiqueta ante él para que dé su conformidad.

Una vez que ha dado el visto bueno, se procederá a descorchar la botella.

Ya descorchada, se le ofrecerá el corcho de la botella recién destapada en un pequeño platillo para que lo olfatee si es de su gusto.

Seguidamente, se procederá a verter una pequeña cantidad en la copa del presidente de la mesa para que este cate el vino y dé su conformidad.

Después, ya se le podrá servir el vino según las estipulaciones que quedan expuestas en párrafos anteriores.

Una vez que se le ha servido el vino al presidente de la mesa, debemos continuar con las damas presentes, comenzando por las de mayor edad. Después, se les servirá a los hombres, tomando también en cuenta los de mayor edad primero.

16.- NORMAS RELATIVAS AL MANEJO DE LA BANDEJA

El manejo de la bandeja, constituye uno de los elementos más importantes en el ejercicio del oficio de camarero.

Advertir que no es esta una habilidad que se obtenga leyendo teoría. Esta es una destreza que solo se obtiene con el ejercicio constante de la práctica.

Sin embargo, existen unos criterios básicos a tomar en cuenta que trataremos de describir aquí de la mejor manera posible. Ellos nos permitirán desarrollar esta habilidad poco a poco siguiendo unas pautas fundamentales.

I.- La bandeja siempre se debe llevar en la mano izquierda.

De esta manera, los objetos transportados en la bandeja se van sirviendo con la mano derecha.

II.- Para cargar la bandeja debemos ir haciéndolo desde la parte que queda más cerca de nuestro cuerpo hacia la más lejana.

De esta manera, mientras equilibramos la bandeja con nuestro antebrazo vamos al mismo tiempo equilibrando su peso utilizando los dedos de las manos, los cuales debe servirnos de ventosas. Lo mismo haremos cuando vayamos retirando las copas o demás elementos de una mesa, barra, o lugar determinado.

Unos pequeños consejitos – trucos para los que nunca han manejado bandeja es que coloquen un pañito debajo de la bandeja para que las copas no resbalen. Puede ser un lito, una servilleta de tela o cualquier otro.

También se puede, en caso de emergencia, colocar una servilleta de papel ligeramente salpicada con algunas gotas de agua que la hagan adherirse ligeramente al fondo.

Asimismo, se debe evitar siempre que se trasladen conjuntamente botellas con copas, sacar las botellas en primer lugar, ya que por contener líquidos que les dan más peso, a su retirada supondrán un desequilibrio importante en la bandeja con su consecuente catástrofe subsiguiente.

III.- Hay que mantener la bandeja siempre en posición horizontal.

Este es uno de los aspectos más complicados y difíciles de conseguir, a no ser del ejercicio y la práctica constante. Si tenemos siempre en la mente que hay que mantener la bandeja en posición horizontal, difícilmente podremos fallar.

Es obvio y evidente que un camarero nunca va a querer que se le caiga una bandeja o su contenido. Famoso es un video noticioso en el que un camarero se acercó con una bandeja llena de cervezas por la parte de atrás de la canciller alemana Ángela Merkel, mientras estaba sentada de lo más tranquila en su sitio esperando a ser servida. Ocurrió que cuando el camarero fue a servirle una de las cervezas que llevaba en la bandeja, retiro la copa con la cerveza de la bandeja y cuando se inclinó para colocarla frente a la canciller, volteó la bandeja con el resto de cervezas que llevaba, en la espalda de aquella. El baño en cerveza de la canciller alemana fue memorable.

Se nota que aquel camarero carecía de práctica. Viendo el video con detenimiento, llegué a la convicción de que seguramente ni siquiera fuera camarero. Probablemente fuese alguno de los miembros de la escolta o de las fueras de seguridad que protegían a los presentes, que pensó que precisamente por seguridad era mejor que él mismo llevase las bebidas a las mesas.

Estuvo bien que ocurriese aquello para que la gente se diera cuenta que no todo el mundo sirve como camarero, y que no es un oficio que se puede aprender de la noche a la mañana. Hay que practicar, y mucho. Yo tengo una estrategia infalible para aprenderlo.

Esto es parecido a aprender a encestar canastas en una cancha de baloncesto, y ahora voy a explicar el cómo y el porqué de la semejanza.

Tengo un hermano mayor al que de joven le apasionaba jugar al baloncesto. Siendo yo muy joven, le pedí que me enseñara a hacer lo que hacía él. El chico era un crack encestando. Difícilmente fallaba. A mí me ocurría todo lo contrario; difícilmente encestaba. Por mucho que practicase, cada vez se me hacía más difícil encestar la pelota en la canasta. Estaba a punto de dejar de practicar ese deporte cuando solicité la ayuda de mi hermano. Pues bien, lo que me dijo a continuación me dejó atónito, y es el mismo secreto que me sirvió en su momento para aprender a manejar la bandeja.

El gran secreto que tenía mi hermano para encestar las canastas estaba en su mente, no en su cuerpo. Me dijo que antes de lanzar la pelota, imaginase que la estaba metiendo. Me dijo que supusiese que la bola iba a entrar por el aro de manera inevitable, que en ningún momento me planteara el fracaso. La simple duda haría que la bola se desviase de su objetivo, con lo que resultaba que la bola no entraba en la canasta por mis dudas, no por un defecto en mi lanzamiento.

Cuando él lanzaba la bola, aquella entraba en la canasta porque él así lo había visualizado previamente. Luego solo era cuestión de apuntar un poco y lanzar. Me dijo que era muy necesario que me concentrara en la canasta, no en la bola. Que mi mente tenía que centrarse en el aro por el que iba a pasar la pelota, no en mi forma de lanzar ni en la bola misma.

«Tan es así —dijo—, que si piensas y visualizas bien la canasta antes de lanzar la bola, luego si quieres puedes lanzarla con los ojos cerrados y no fallarás»

Y así lo hacía él. Miraba hacia la canasta, cerraba los ojos, lanzaba, y encestaba. Era algo increíble.

Aquella teoría se me planteó como un poco absurda, por decir lo menos. Sin embargo, aun y cuando no me creí del todo aquella historia de las visualizaciones, comencé a seguir los consejos de mi hermano. Antes de lanzar, me concentraba bien en el aro y no en la bola ni en mi cuerpo. De manera insólita, en muy pocos días comencé a encestar la bola en la canasta, y dejé atrás por fin mi mala racha como jugador de baloncesto. Lo que muy pocas veces pude hacer fue lo de encestar el balón con los ojos cerrados, aunque en honor a la verdad debo decir que en más de una ocasión lo intenté y lo conseguí.

Pues bien, con el camarero y la bandeja ocurre exactamente lo mismo. Si el camarero se concentra solo en la bandeja, en su equilibrio perfecto, jamás se le volteará ni resbalará su contenido. El quid de la cuestión está en su mente, no en su cuerpo. Su cuerpo actuará conforme piense su cerebro. Si con la mente piensa o duda de que se le va a caer la bandeja o su contenido, así ocurrirá. Mas, si en su mente se maneja con la certeza absoluta de que lo hará bien, difícilmente fallará. Es una cuestión de confianza en sí mismo.

Hay que decir también que para que esta técnica sea completamente eficaz, el camarero no puede desconcentrarse de lo que está haciendo, porque a diferencia del que juega baloncesto, el manejo de la bandeja no es cosa de un solo lanzamiento a la canasta, sino de todo el tiempo que permanece la bandeja sobre su mano. Si está concentrado en la bandeja, en su equilibrio constante, muy pronto verá cómo por mucho que transporte lo que transporte, difícilmente se le caerá o resbalará su contenido.

IV.- El traslado de la bandeja tiene que ir siempre a nivel del codo.

No es correcto, aunque en algunos sitios es práctica común, el traslado de la bandeja en la parte de arriba a nivel de los hombros. Sin embargo, el hecho de que no sea correcto no quiere decir que sea inapropiado. Se admite.

En todo caso hay dos patrones a seguir;

a.- Cuando la bandeja se lleva a nivel del codo se debe apoyar una parte sobre los cuatro dedos delanteros y la otra sobre la parte externa de la mano, dejando la punta del pulgar ligeramente fuera hacia abajo. De esta manera la bandeja se puede manipular mejor.

b.- Cuando la bandeja se lleva a nivel del hombro, se debe llevar apoyada exclusivamente sobre la yema de los cinco dedos de la mano, lo cuales deberán servir de ventosas sujetadoras.

V.- El peso debe ir equilibrado en el total de la bandeja.

Esto parece obvio, pero hay muchas personas que no lo entienden. No es lo mismo llevar la bandeja llena de copas, la mitad de ellas llenas y la mitad vacías que llevarlas todas llenas o todas vacías. En el primer caso, es necesario equilibrar y repartir el peso en toda la superficie de la bandeja entre las llenas y las vacías para poder manipular mejor la bandeja.

VI.- Es indispensable la práctica con peso sobre el brazo izquierdo.

El brazo llega el momento que flaquea y no responde. Esto no es una broma.

Los que tienen que trabajar con bandeja, necesariamente tienen que practicar antes ejercitando mucho peso con el brazo con el que sostendrán la bandeja. Esta práctica hará la diferencia, y el lector de estas notas que no haya practicado este oficio y luego llegue a ejercerlo, me va a agradecer sobretodo este consejo.

Hay que hacer pesas a diario. Y si puede ser solo con los brazos tanto mejor.

VII.- El servicio desde la bandeja se realiza igual que el de emplatado, es decir, por la derecha.

Colocamos la bandeja en la parte de atrás del cliente, un poco alejada de su espalda (no sea que ocurra una tragedia), y vamos retirando con la mano derecha la copa o el envase de que se trate y colocándolo frente a él o, en el lugar que haya dispuesto al efecto.

PROTOCOLO

NORMAS BÁSICAS DE PROTOCOLO EN EL MUNDO DE LA HOSTELERÍA

Hasta ahora hemos hablado bastante de esta palabra, por lo que ya tenemos una idea clara del sentido que se le atribuye en el mundo de la hostelería.

Es una expresión que se utiliza para hacer referencia a patrones o normas previamente establecidas sobre las formas de hacer tal o cual cosa o actividad humana. En nuestro caso, en el mundo de la hostelería.

Cuando se realiza un servicio o atención de un evento, o simplemente se sirve una mesa, hay que observar si previamente no existen unos patrones previamente definidos y prefijados, bien por el propio establecimiento o por los comensales.

Si los patrones han sido preestablecidos, hay que seguirlos cabalmente, esto es así de sencillo.

Un ejemplo claro de ello lo tenemos en las bodas, cuando se fija de antemano el puesto y mesa de cada quién en el salón del banquete. Se suele, en estos casos, colocar en una cartelera en la parte exterior del salón, los gráficos ilustrativos con el nombre de cada quién y la mesa y silla que le corresponde.

En todo caso, el Maitre o Jefe de Sala debe tener también en su poder las normas de protocolo previamente fijadas para el evento para orientar así a los invitados y/o comensales que asisten al evento.

Si no existe protocolo previo, las normas las fijará el propio establecimiento.

Al margen de lo anteriormente expuesto, existen unas normas básicas protocolarias a tener en cuenta en todo tipo de servicio; a saber:

I.- En la cabecera de la mesa se sienta siempre el anfitrión, que funge de presidente de la mesa.

En algunas ocasiones, el anfitrión decide por su propia cuenta, y, en gesto de cortesía y elegancia, ceder este lugar a su principal invitado. En este caso, se le ofrece la silla de la derecha de la cabecera al anfitrión.

II.- Se sientan en primer lugar las damas, después lo caballeros.

III.- Se lleva la carta en primer lugar al anfitrión, en segundo lugar a las damas y después al resto de los comensales.

IV.- Se sirve el vino en primer lugar al anfitrión.

Para ello, se le sirve solo una pequeña cantidad con la que pueda degustarlo y dar su visto bueno. Una vez que el anfitrión da el visto bueno al vino, se le sirve la copa a un poco menos de la mitad, continuando con las damas y, finalmente los caballeros.

El orden debe ser el siguiente (aplicable también a la hora de servir los alimentos):

Primero: El anfitrión o presidente de la mesa.

Segundo: Las damas, comenzando por la de mayor edad para ir descendiendo hasta las más jóvenes.

Tercero: Los caballeros, comenzando igualmente por los de mayor edad para ir descendiendo a los más jóvenes.

V.- Se sirve siempre la comida a los niños pequeños en primer lugar.

Posteriormente se sirve a los demás comensales por el orden que queda descrito en el número anterior.

COCTELERÍA

EL MUNDO DE LOS COCTELES

ORIGEN DE LA PALABRA "COCTEL"

Existen varias versiones del origen de la palabra "coctel", algunas de ellas son las siguientes.

El término inglés "coctel", del cual deriva nuestro coctel, significa en ese idioma "cola de gallo". De allí que el emblema de la coctelería sea la cola de un gallo que muestra todos los colores del arco iris.

En muchas tabernas inglesas mezclaban el resto de los barriles de licor ("cock-tailing") y las mezclaban en un recipiente vendiéndolas a bajo precio.

DEFINICIÓN DE COCTEL

Existen muchas definiciones de la palabra "coctel"; entre todas ellas, preferimos la que nos da Luigi Veronelli:

"Un coctel es un aguardiente modificado y helado".

Esto quiere decir que se trata de un aguardiente o destilado al cual se le ha añadido por lo menos un producto para "modificarlo".

Generalmente se agregan dos o tres productos para modificar el aguardiente de base. Esta combinación o mezcla es helada o enfriada durante su preparación.

Otra definición:

"El coctel es una mezcla equilibrada de dos o más bebidas, que armoniosamente dosificadas producen un sabor distinto (nuevo) y en el que ninguna se destaque especialmente".

"Un buen coctel, para que merezca el nombre de tal, no solamente debe constituir una combinación bien hecha de bebidas, sino también por su presentación, sabor y perfume, satisfacer al paladar y al espíritu para el que ha sido creado".

Estrictamente se debe diferenciar lo que es una bebida mezclada (Mixed Drink) de un coctel. Una bebida mezclada es un licor fuerte (como por ejemplo: ron, ginebra o vodka) combinado con jugo de frutas.

Según esta definición, el Destornillador (Vodka con jugo de naranja) no es un coctel sino una bebida mezclada. El coctel es más elaborado, contiene más ingredientes y requiere de mayor grado de complejidad en cuanto a preparación y presentación.

HISTORIA

Aunque tragos similares a lo que hoy conocemos como coctel datan del siglo XVI, estos se hicieron populares a partir del 1920 en Estados Unidos. Su popularidad se debió a la llamada ley seca, cuando se prohibió la producción de alcohol, y las bebidas que se conseguían ilegalmente eran de dudosa calidad y gusto.

Debido a esto los barman comenzaron a mezclar el alcohol con jugos y otras bebidas para mejorar (o enmascarar) su sabor. Luego el coctel perdió su popularidad, sobretodo fuera de los Estados Unidos para, ya hace unos años, resurgir y hacerse más popular que nunca en todos los países del mundo.

COMPOSICION DE UN COCTEL

De acuerdo con el reglamento de competencias de la "International Bartenders Association", un coctel no puede contener más de cinco productos, incluidos los usados para decoración.

Normalmente incluye un destilado de base, el cual es el elemento preponderante; dos licores para dar color y endulzarlo a la vez que rebajarlo; puede, además, llevar gotas de limón, de amargo o de algún colorizante y una fruta como decoración. En el caso de los tragos largos, uno de los elementos es soda, refresco o jugo de fruta.

Todo esto es enfriado en la coctelera o vaso mezclador mientras se prepara. En algunos casos se ponen trocitos de hielo en el vaso en que se presenta.

Los cócteles generalmente incluyen tres clases de ingredientes: Una base de alcohol, como vodka, tequila, o whisky. El sabor principal esta dado por bebidas tales como el vermut, jugos de frutas o vino hasta cremas o huevos que modifican el gusto de la base. El tercer ingrediente usualmente busca enaltecer el sabor de la base, y muchas veces agrega color a la mezcla. Los más comunes son la granadina o el blue curacao entre otros. Finalmente la mayoría de los cócteles llevan algún tipo de decoración en base a frutas u hojas (menta por ejemplo).

El contenido normal de un coctel es de tres onzas (85 cl). Algunos cócteles, especialmente los refrescantes, pueden tener 6 ó más onzas. Pero, en cualquier caso, el contenido de licor de un coctel es de 2 a 2 1/2 onzas; esto incluye el destilado de base más los licores o vinos usados como complemento para "modificar" el aguardiente. Con el hielo que se derrite al mezclar o batir, las gotas o chorritos de aromatizantes o saborizantes y la fruta que se use como decoración se completan las 3 onzas del coctel. En los tragos largos, los cubos de hielo y la soda, refrescos o jugos alargan el trago a 6, 8 ó 10 onzas.

CLASIFICACION DE LOS COCTELES

Los cócteles pueden catalogarse en tres tipos básicos:

1.- Aperitivos, que son generalmente secos,

2.- Tragos largos o refrescantes, y

3.- Digestivos llamados también pousse-café.

NORMAS BASICAS A TENER CUENTA EN LA PREPARACION DE UN COCTEL

Como en todo tipo de actividad, en la elaboración de un coctel hay que tener presentes algunos fundamentos básicos en todo momento.

I.- Utilizar siempre buenas bebidas.

II.- Ajustarse estrictamente a la fórmula y a la dosificación indicada por su creador.

III.- Cumpliendo con este requisito se obtienen colores armónicos, efectos estéticos agradables, y perfumes y sabores que cumplen los propósitos del creador: deleitar.

IV.- Utilizar siempre el modelo de vaso o copa que el creador de la fórmula indica. No solamente es el recipiente adecuado, sino también tiene la capacidad exacta que debe beberse, de acuerdo con la graduación de sus distintos componentes.

V.- Para el aficionado. No hacer caso al criterio de los amigos o invitados que siempre aconsejan: "Un chorrito de esto o aquello, para cambiar o mejorar el gusto". Cada fórmula es definitiva y producto de la experiencia de su creador.

VI.- Seguir fielmente las indicaciones accesorias: refrescado, batido, etc., ya que ellas indican con la inclusión del hielo, la temperatura que debe tener el coctel. A veces el exceso de frío es producido por el exceso de hielo, que torna aguachento el coctel.

VII.- No usar el mismo hielo para hacer dos fórmulas distintas. El hielo debe cambiarse siempre, y sus pedazos no deben ser mayores del tamaño de una nuez.

VIII.- Usar coctelera de plata o metal blanco plateado, lo mismo que las cucharillas de mezclar y los filtros. El metal ordinario comunica su gusto a las bebidas alcohólicas y las vuelve desagradables.

IX.- En las mezclas debe seguirse muy al pie de la letra las indicaciones, para que las distintas bebidas, de acuerdo con sus respectivas densidades, se coloquen en el orden indicado en las fórmulas. Así se obtendrán los resultados deseados. Muchas veces el aficionado, confiando en el axioma matemático de que el orden de los factores no altera el producto, vierte los licores en distinto orden al indicado en las fórmulas. Este es un grave error en coctelería, ya que las bebidas deben irse agregando de acuerdo con las instrucciones. Las más densas en primer término y las otras en orden lógico. Así es como se pueden obtener bellos efectos decorativos, con la presentación de cócteles en los que se vierten licores de distintas densidades, superpuestos.

X.- En los casos que se usan corteza de naranja, lima o limón, se recomienda que éstas sean perfectamente frescas, ya que de otra manera no contienen el zumo que transmitirá su perfume.

XI.- Use la coctelera que señala cada fórmula: De metal, cuando el coctel requiera ser batido; de vidrio, cuando éste solo necesita ser revuelto.

Lave la coctelera al preparar otro coctel diferente: El pequeño sobrante de un coctel impide lograr todo el sabor de una distinta preparación.

XII.- Cuele el coctel antes de servirlo: Salvo en los casos que se indique lo contrario, cuele el coctel eliminando las impurezas de los ingredientes para mejorar el deleite al paladar.

XIII.- Agregue hielo a todo el coctel: Salvo en los casos que se indique lo contrario, agregue hielo a todo coctel, ya que aparte de refrescar las bebidas, suaviza el alcohol, fusiona los licores y realza su aroma.

XIV.- No enfríe demasiado el coctel: Cuando la cantidad de hielo es excesiva, el coctel se licua, rebaja su graduación y pierde sabor.

XV.- No use el mismo hielo en otro coctel distinto: El hielo utilizado en un coctel adquiere el sabor de éste y desvirtúa el bouquet en otro diferente.

XVI.- Efectúe un buen batido: El coctel se agita con movimientos enérgicos, uniformes y siempre con la misma intensidad.

XVII.- Revuelva con suavidad: Algunas bebidas, por su inmensa fusión, requieren sólo ser revueltas suavemente.

XVIII.- Mida las gotas: En algunas fórmulas se indica: " 4, 5 o 10, etc. gotas de...". Para aclarar el concepto, conviene recordar que en una cucharilla chica de café caben 5 a 10 gotas aproximadamente.

CÓMO MEZCLAR TRAGOS

Hay distintas formas de mezclar, estas varían según el trago. Aquí están las más frecuentes:

El batido a mano usando una coctelera, que se llena con tres cuartos de vaso con hielo, preferentemente cubos. Se agrega luego los ingredientes, en un orden de contenido de alcohol (se empieza por el de mayor gradación alcohólica). Se mezcla con movimientos enérgicos hasta que el agua se empieza a condensar en el exterior de la coctelera, indicando que el trago está suficientemente frío.

Otro método consiste en revolver en un vaso la mezcla. Se usa hielo, preferentemente cubos ya que el hielo molido puede aguar demasiado el trago y el agua condensándose en el exterior indica cuando esta frío.

Los tragos a base de alcohol y frutas, entre otros ingredientes difíciles de combinar con otro método, se preparan por lo general usando una licuadora, hasta que obtienen una consistencia homogénea. Si se usa hielo este debe estar picado. Este método se debe usar solo cuando la receta lo exige.

El último método consiste en ir agregando los ingredientes uno a uno en el vaso donde se prepara el trago. Por lo general no se revuelve, aunque se agrega una varilla o sorbete que permite revolver.

DECORACIÓN DE LOS TRAGOS

La mayoría de los cócteles llevan algún tipo de decoración, generalmente consistente de trozos de frutas. Rodajas de naranja o limón, cerezas, cáscaras de limón y hojas de hierbas, tales como menta, son las más utilizadas.

Otro elemento importante en la decoración son los agitadores, palitos de madera o plástico que, además de permitir revolver, se utilizan en muchos tragos para sostener las frutas (a diferencia de los de madera, los de plástico se pueden re-usar, aunque se corre el riesgo de dar un sabor plástico al trago).

Otra técnica muy utilizada consiste en bordear el vaso en azúcar impalpable (o sal). Se moja el borde del vaso con un limón o naranja y se sumerge un centímetro en azúcar impalpable o sal. También se puede usar la clara de los huevos para mayor adherencia, o agregar colorante de comida al azúcar para lograr un efecto más original.

CONSEJOS Y TRUCOS

Cómo flamear (encender tragos)

Si es posible, evite realizar este proceso porque puede ser peligroso. Pero si insiste, pre-caliente el vaso sobre una llama suave, vacíe la mayor parte del licor y caliente una cuchara. Pre-caliente sólo una cucharada de licor sobre la llama y déjela que prenda fuego. Vacíe el líquido encendido en el vaso donde está el licor restante. ¡Tenga cuidado!

Cómo enfriar el vaso

Hay varias maneras de enfriar un vaso antes de echar la bebida. La más simple es colocar el vaso en la heladera o refrigeradora un par de horas antes de usarlo. Si esto no es posible se puede llenar el vaso con hielo molido justo antes de utilizarlo, o hacer lo mismo con cubitos de hielo y sacarlos apenas antes de servir el trago.

Cómo preparar bordes con azúcar o sal

Mojar el borde de un vaso previamente frío con un limón o con el jugo de la fruta que se esté utilizando para la preparación y páselo con suavidad sobre un puñado de sal o azúcar.

Cómo hacer apariencias escarchadas

Con hielo, sumerja el vaso en agua y colóquelo en el congelador por espacio de media hora. Esto le dará una apariencia escarchada a toda la superficie.

Cómo preparar tragos coloridos

En tragos preparados con licores de colores vivos, se logra un efecto interesante si se echa cada licor en el vaso pasándolo sobre una cuchara invertida. Empezar por el licor más fuerte y servir despacio. Los licores se combinan sin mezclarse lográndose un efecto "batik".

Cómo seleccionar las copas

Las medidas standard usadas son mililitros (ml.) y onzas (Oz.) y sus equivalentes aproximados son:

30 ml. = 1 Oz.

20 ml. = 2/3 Oz.

15 ml = 1/2 Oz.

Una pizca = 2 o 3 gotas

Cómo hacer tirabuzones y dar sabor al borde del vaso

Cuando una receta indica que se adorne con un tirabuzón, tuerza la cáscara de la fruta sobre el trago y déjela caer dentro de la bebida.

Cuando use frutas para decorar, friccione el borde del vaso con la fruta, para que deje su sabor en el vaso.

Cómo preparar bebidas con hielo

Aunque la mayoría de las recetas indican que debe llenar el vaso con hielo, también es posible utilizar sólo 1/4 del vaso o 4 o 5 cubitos, dependiendo de las preferencias de cada uno.

Cómo preparar bebidas con agua

Utilice agua destilada o agua mineral cuando la receta indique "agua". El agua del grifo puede opacar la preparación y variarle el sabor.

Cómo preparar bebidas con Vodka

Un buen Vodka se saboreará mucho mejor si está realmente frío. Por esa razón, antes de servirlo, usted deberá colocar la botella en el congelador con bastante anticipación.

Cómo preparar bebidas con clara de huevo

Cuando las recetas indican 1/2 clara de huevo, lo mejor es preparar el doble de la cantidad (dos tragos), pues la clara de huevo es muy difícil de dividir.

Cómo mezclar las bebidas

Para lograr una buena mezcla revolver por aproximadamente diez segundos. Los tragos con gaseosas se mezclan mucho más rápido ya que las burbujas hacen el mismo efecto de revolver.

Por lo general, las bebidas que contienen muchos ingredientes se agitan usando una coctelera.

Cuando utilice el equipo, coloque primero el hielo en el vaso y luego agregue los demás ingredientes. Ponga la tapa, ajústela y agite el vaso varias veces. Antes de abrir la tapa, dele unos golpecitos para que el líquido acumulado en la tapa pase completamente al vaso de cristal. Vacíe la mezcla en el vaso que la va a servir.

Se puede usar un mezclador pequeño. Este consta de una tapa metálica que se ajusta al vaso. Si no tiene un equipo de mezclar, un recipiente con tapa puede servir.

Cómo servir una bebida

Si está preparando una gran cantidad de un trago compuesto, coloque los vasos delante y vacíe una pequeña porción en cada uno. Repita el proceso hasta que todos tengan la misma cantidad de bebida.

Para vaciar bebidas calientes en los vasos, coloque una cuchara de metal dentro del vaso antes de verter el líquido. Esta absorberá el calor y el vaso no se romperá.

Cómo servir un "pousse-café"

Para servir cremas o licores, siempre coloque los más pesados en el fondo del vaso, y continúe con los demás de acuerdo con su densidad y espesor. Para hacer esto, sostenga una cuchara de bar en el vaso, con la parte cóncava hacia abajo, y vacíe el licor suavemente para que resbale por la superficie de la cuchara.

Si tiene más tiempo, coloque los licores en el vaso y refrigérelos aproximadamente por una hora. En ese tiempo, los licores encontrarán su propio lugar.

Cómo abrir una botella de vino

Usando un cuchillo afilado, elimine el sello que está alrededor del cuello de la botella, de manera que el corcho quede expuesto. Inserte la punta del sacacorchos en el centro del corcho y dele vuelta hasta que esté lo más profundo posible. Muy despacio, hale el corcho hacia afuera. Es una regla de etiqueta muy común de que el anfitrión pruebe el vino antes de servírselo a sus invitados.

Cómo abrir una botella de champagne

Coloque una toalla alrededor de la botella bien fría. Con la boca de la botella dirigida hacia donde no haya gente ni objeto delicado, remueva cuidadosamente el aluminio y suelte el alambre que sostiene el corcho. Mientras sujeta el corcho con una mano y la botella con la otra, dele vuelta a la botella hasta que sienta que el corcho está cediendo. Con mucho cuidado, saque el corcho. Cuando abra una botella de vino o de champagne, trate de que haga el menor ruido posible, pues aunque el sonido se relacione con el ambiente festivo, es señal de que se están escapando gran cantidad de preciosas burbujas.

Cómo limpiar la cristalería

No importa qué tipo de vasos o cristalería utilice, siempre debe asegurarse de que estén impecablemente limpios. Cuando lave sus vasos, déjelos secar al aire con el borde hacia abajo y sobre una toalla, para que no se manchen.

También puede secarlos con una toalla y pulirlos después con otra bien seca.

Lave los vasos inmediatamente después de utilizarlos. Si no le es posible, enjuáguelos con agua tibia jabonada para que no se peguen los residuos de las bebidas.

Nunca coloque los vasos uno dentro del otro, porque se pueden trabar o romper. Pero si usted lo hace, sepárelos poniendo la parte de abajo del vaso en agua tibia, y llenando el envase de arriba con agua fría. El de abajo se expandirá y el superior saldrá con mucha más facilidad.

EQUIPAMIENTO DEL BAR

Coctelera

Dentro de las pocas cosas esenciales para preparar tragos es fundamental la coctelera, especialmente cuando en la preparación intervienen huevos, frutas, crema de nata, miel, leche o licores. Se puede reemplazar por un recipiente de plástico que cierre herméticamente, aunque hoy en día existen cocteleras de cristal; también se puede optar por la clásica de acero inoxidable. El colador incorporado en opcional. En muchos casos, los residuos de frutas exprimidas pueden atascarlo.

Es usada para mezclar las bebidas con hielo antes de servirse. Los beneficios son dobles, uno es que obviamente sirve para mezclar los ingredientes de una bebida y la otra, y posiblemente más importante, es que permite enfriar la bebida.

Esta puede ser básicamente de dos tipos:

I.- La coctelera de estilo europeo consiste en un contenedor, que puede ser de metal o combinado con vidrio, con una capacidad aproximada de medio litro. Tiene una abertura arriba que permite introducir las bebidas y un pico que se usa para servir.

II.- La coctelera americana consiste de dos vasos de igual tamaño, donde se echa el líquido, para luego cerrarse por el medio. Esta es generalmente de metal, o un vaso de metal y el otro de vidrio.

Vaso mezclador

Es un recipiente de cristal de gran tamaño; se usa para bebidas que no deben ser agitadas, sino mezcladas. También se puede emplear un vaso plástico o una jarra de boca ancha.

Cuchara mezcladora

Es el accesorio que acompaña al vaso mezclador. Se trata de una cuchara de metal con mango largo y cuerpo redondeado en espiral, que termina en un pequeño pilón que puede usarse para macerar determinados ingredientes, como las hojas de menta. Se puede reemplazar por cualquier cuchara de mango largo.

Colador de coctel

También llamado "strainer", tiene forma circular, rodeado por un resorte en espiral. Especialmente diseñado para ajustarse en el tope de la coctelera y colar la bebida en el vaso. El resorte alrededor de su borde tiene como función la de no dejar pasar los cubitos de hielo, las pulpas y las pepitas de las frutas en el momento de vaciar el coctel en la copa. Se puede suplir por un colador metálico pequeño, según el tamaño del vaso mezclador.

Licuadora

Se utiliza para preparaciones bien mezcladas y espumosas. También se usa para la "frozen cocktails" (cócteles con hielo picado).

Vaso medidor (Jigger)

Aunque el barman profesional calcula a ojo las cantidades de alcohol que va a mezclar, el aficionado deberá ayudarse de la copa adecuada para medir la cantidad de líquido.

Ralladores

Normalmente se utilizan dos, uno para la nuez moscada y otro para la cáscara de las frutas agrias.

Misceláneos

Finalmente se necesitan cucharas para revolver, agitadores y otros elementos de cocina como cuchillos, bowls, etc. Finalmente hay cosas, una licuadora o picadores de hielo por ejemplo, que son muy útiles aunque no fundamentales.

TIPOS DE VASOS Y COPAS

Copa de COCTEL

Una copa esencial en todo bar, por limitado que sea. Es de diseño elegante que se adapta fabulosamente bien a la mano. La parte superior debe estar siempre lo suficientemente abierta para permitir algún tipo de decoración. Su capacidad máxima debe ser de unas 4 onzas. Se utiliza preferentemente para servir Martinis, Manhattans y cócteles en general. Debe tomarse por la base del asta al presentarla.

Vaso HIGHBALL o TUMBLER

Es uno de los vasos más utilizados en el servicio de variados tipos de cócteles. En realidad, su utilidad es máxima por lo que siempre resulta positivo tenerlo siempre a mano en su bar. Es muy popular para whisky, ron, gin y vodka que se sirvan con hielo y agua, soda u otra bebida. Es el vaso típico de los "tragos largos". La capacidad es de 8, 10 0 12 onzas aproximadamente.

Vaso OLD-FASHIONED

Es el vaso ideal para todo coctel en las rocas. También se utiliza para tomar Whisky. Su capacidad es de unas 6 onzas y debido a la gran cantidad de cócteles en las rocas, es un vaso que no puede faltar en su bar.

Vaso COLLINS o ZOMBIE

Es el vaso indispensable para los tragos largos. Mientras más alto sea el vaso, mejor. El diseño se estrecha por el centro. Su capacidad máxima oscila alrededor de las 10, 12 y 14 onzas. Se usa para servir "Collins" y otros tragos refrescantes, así como para zumos.

Vaso SOUR

Se utiliza principalmente para los cócteles llamados "sour" y con frecuencia en los Fizz. Se trata de un vaso alargado con una capacidad que varía entre 5 y 6 onzas.

Copa GLOBO

Es el más versátil de todos los vasos. Aunque se utiliza más que nada para servir vino, también es útil para aperitivos. Su capacidad promedio es de unas 10 onzas. Por eso es también usado para servir cerveza.

Copa SHERRY o JEREZ

Especialmente diseñado para servir cordiales o los llamados "digestivos". Como tienen muy poca capacidad (3 onzas), la bebida no pierde su bouquet.

También se utiliza normalmente para servir Jerez. Nunca debe llenarse completamente al servir este delicioso vino.

Copa de LICOR o CREMA

Son las más pequeñas y se usan para servir los licores exóticos, las cremas, y licores servidos solos como pousse-café; para así conservar mejor su aroma. Capacidad para 1 o 2 onzas.

Copa POUSSE-CAFE

Es un vaso alto, muy estrecho, cuyo uso está limitado, prácticamente, a ese trago. De todos modos, no faltan quienes lo usen para servir licores. A no ser que usted sea una persona fanática de estos tragos, puede prescindir de él.

Copa para COGNAC o BRANDY

La tradicional copa de Brandy es otro indispensable en su bar. Es redonda para permitir mayor contacto de la palma de la mano con la copa y mantener caliente la bebida y más estrecha en la boca para mantener el aroma de su bebida. Se llenan solo hasta la mitad o menos. El tamaño varía, pero trate de no utilizar esas copas enormes que siempre resultan bastante ridículas.

Copa para CHAMPAGNE

Copa abierta, es la forma tradicional de copa de champagne. Se acostumbra en los brindis, pues permite beber más rápidamente. En la actualidad se utiliza con mucha frecuencia a la hora de servir cócteles como daikiris y otros tragos con mucho hielo molido. Tiene una capacidad de 5 onzas.

Copa TULIPAN

Es uno de los dos vasos más populares para servir el champagne. Su diseño alargado y estrecho permite mantener las burbujas durante más tiempo, evitando la pérdida rápida del gas de la champaña. Además, es preferible también por su línea, mucho más atractiva y elegante. Tiene una capacidad de 5 onzas.

Copa FLAUTA

Se usa también para servir el champagne. Al igual que la Tulipán, su forma evita la pérdida rápida del gas. Tiene una capacidad de 6 onzas.

Copa para VINO TINTO

Con un aspecto sólido, como para reflejar la fortaleza de un buen vino tinto, este vaso es apropiado también para los claretes. El borde es lo suficientemente ancho como para permitir que el vino pueda respirar sin mayores problemas. Tiene una capacidad de 6 onzas.

Copa para VINO BLANCO

El tallo de este vaso es muy alargado, para impedir que la mano caliente el vino. El recipiente en sí es amplio, abriéndose hacia arriba. Es un diseño moderno, ideal para saborear a fondo la frescura del vino blanco. Tiene una capacidad de 5 onzas.

Vaso PILSEN

Se usa para cerveza. Tiene una capacidad de 10 onzas. Debe tomarse por la base al presentarlo.

Vaso CERVECERO

Se usa para cerveza. Tiene una capacidad de 10 a 12 onzas. El asa impide que el calor de la mano enfríe la cerveza.

Vaso COLACAO O TODDY

Fabricado a prueba de fuego, este vaso tiene un uso muy limitado: servir los cócteles calientes. Precisamente por eso tiene una manija, cuyo diseño puede variar considerablemente. Se trata, de todos modos, de un vaso no muy utilizado, por lo que no forma parte de los básicos en su bar.

DESTILADOS Y LICORES

ADVOCAAT

Licor fabricado en Holanda en base de ginebra, yemas de huevo y azúcar.

AGUARDIENTE

Nombre genérico que se da a los destilados hidroalcohólicos de entre 40 y 45 grados y que pueden ser bebidos, ya sea puros, añejados, aromatizados o mezclados. Se obtiene aguardiente a partir de muchos vegetales, uvas, frutas, cereales, caña de azúcar, cactus, raíces, etc.

El nombre Aguardiente se aplica en algunos países latinoamericanos exclusivamente al destilado de jugos de caña de azúcar ya sea en su estado natural (Venezuela, Perú) o mezclado con anís (Colombia).

AMER PICON

Licor Aperitivo aromatizado con quinina, genciana y conchas de naranja. Aproximadamente 16% de alcohol.

ARMAGNAC

Es muy parecido al Coñac pero producido en el departamento de Gers, sudeste de Bordeaux. Hay diferencias en el sabor y cuerpo de estos finos brandis. Armañac es más seco y de sabor más fuerte que el Coñac, razón por la cual es preferido por los "connoisseurs". Mientras que el Coñac es doblemente filtrado el Armañac es filtrado una sola vez. El Armañac es el Brandy más viejo conocido en Francia, data de la época medieval.

AKVAVIT

Destilado incoloro de los países escandinavos, hecho de cebada malteada y papas. Su traducción literal al castellano es "agua de la vida".

Los productores de las diversas regiones le agregan diferentes productos, tales como anís, cilantro o comino, creando, así, muchas variedades de Akvavit. Tiene una alta graduación alcohólica, generalmente 45 grados. Se bebe muy helado.

AMARETTO

Licor hecho en base de almendras maceradas en alcohol de vino. De origen italiano, se prepara a partir de las semillas del albaricoque. Es un licor de tipo digestivo, con sabor fuerte a almendras, de gusto fino, intenso y aterciopelado. 28º de alcohol. Su fabricación se remonta al siglo 16. Puede beberse solo, con hielo, o como base para tragos largos o cócteles.

ANGOSTURA BITTER (AMARGO DE ANGOSTURA)

Licor aromático originario de Venezuela, preparado con quinina, raíces de genciana, hierbas aromáticas y colorante. Usado por gotas como saborizante y aromático en muchos cócteles. Actualmente se fabrica en Trinidad.

ANIS

Licor de vinos de uva o de caña de azúcar con maceración de vegetales, entre los que predomina el anís. Se presenta bajo diversos nombres, entre ellos, Anisado, Anisette, Pastis, etc. Es muy digestivo y se bebe solo, o con hielo y agua.

APRICOT BRANDY

Licor dulce de origen inglés, hecho en base de brandy y albaricoques maduros Graduación de 31 a 40 grados. Es muy usado como complemento de cócteles.

B&B

Licor mezcla del licor Benedictine y de Coñac. En Venezuela se fabrica mezclando Benedictine y Brandy venezolano.

BENEDICTINE

Licor dulce muy aromático elaborado con fórmulas secretas por los padres Benedictinos en Francia desde hace varios siglos. Las botellas del producto original llevan la inscripción D.O.M. (Deo Optimo Máximo). Es muy apreciado como pousse-café o como ingrediente de cócteles.

BLANKO

Licor aromático transparente creado en Venezuela por la empresa Martell. En su preparación interviene una combinación de hierbas aromáticas Es muy recomendable para tragos largos refrescantes, así como para cócteles aperitivos.

BOURBON

Whisky norteamericano producido principalmente en el Estado de Kentucky, en base de destilados de maíz. 43 grados. Su sabor difiere de los demás destilados también llamados whisky o whiskey.

BRANDY

Es considerado el más viejo de los licores. Destilado de mostos de uva, parecido al Coñac. Con esta denominación se conocen los licores que tienen un añejamiento de vino mínimo de un año. Los vinos que se van a destilar se seleccionan con mucho cuidado; la fracción alcohólica del vino se somete también a sucesivas destilaciones. El nombre brandy se aplica a todos los destilados de uva producidos fuera del Departamento de Charente, Francia (Coñac). El brandy se fabrica en muchos países, con características muy variadas. Más de 40 grados. El de mayor fama posiblemente es el Brandy de Jerez, destilado a partir de uvas de primera y envejecido por el sistema de holandés.

BYRRH

Aperitivo hecho de vino rojo y aromatizado con quinina y naranjas amargas.

CACHAZA

Aguardiente destilado de caña de azúcar, predilecto en Brasil, parecido al Ron. Más de 40 grados.

CALVADOS

Licor color ámbar hecho en base de manzanas de la región de Normandía, Francia. Más de 40 grados. Se bebe en copa de coñac.

CAMPARI

Aperitivo de origen italiano. Es una bebida aromática, con sabor amargo y dulce, de color rojo, fabricado en base de destilados de jugos de uva. Su característico sabor amargo se debe a la quinina y al ruibarbo, y su color a la cochinilla. Generalmente 30 grados o menos. Se bebe con hielo o con soda, como aperitivo.

CASSIS

Licor fabricado de grosellas negras en la región de Cahén, Francia. Es muy digestivo. 18 grados. Es usado como ingrediente en muchos cócteles.

CHERRY BRANDY

Licor de color oscuro producido en Inglaterra en base de brandis seleccionados y cerezas negras silvestres. 30 grados. No confundir con "sherry" que es la traducción inglesa de jerez.

CHERRY HEERING (PETER HEERING)

Licor rojizo producido en Dinamarca en base de brandis y cerezas rojas. 35 grados.

CHARTREUSE

Fino licor producido originalmente en Francia y luego en España por los padres Cartujos. En su composición intervienen más de 130 plantas, entre ellas, hinojo, canela, bálsamo, cáscara de naranja, clavo de olor, etc. Se presenta en dos tipos: Amarillo, de 44 grados y Verde, de 55 grados. Es un excelente pousse café.

CHICHA DE JORA

Bebida popular peruana, fabricada mediante la fermentación del producto del cocimiento de maíz blanco germinado. La fermentación se hace en vasijas de barro o directamente en botellas, las cuales son generalmente enterradas durante meses. La chicha joven fermentada en vasijas y ligeramente endulzada con azúcar o melaza se bebe para acompañar comidas picantes y en las celebraciones pueblerinas. La chicha fuerte fermentada en botellas llega a convertirse en un licor de muy alta graduación. Está prohibida su comercialización.

En todos los países andinos se fabrica chicha de maíz germinado. "Jora" es una palabra quechua; por eso con el nombre de Chicha de Jora u otra denominación, el maíz fermentado ha dado origen a un tipo de licor que, a pesar de ser de gran consumo popular, no ha logrado ser industrializado, tal vez por desinterés gubernamental.

CHAMPAGNE (CHAMPÁN)

Prestigioso vino claro y espumoso oriundo de la provincia francesa de dicho nombre

(Champagne) situada al Noreste de Francia, el cual desde el siglo 17 es símbolo de calidad, perfección y buen gusto. El popularmente conocido monje benedictino Don Pérignom, perfeccionó la fórmula de este licor. Se fabrica de tres tipos especiales de uva adaptados a las características del terreno de la región. Su origen es garantizado por las autoridades francesas. Su fabricación, fruto de la experiencia de tres siglos, es muy cuidadosa y da origen a vinos de muy alta calidad que al servirse producen burbujas. Algunas botellas de Champagne de determinados años llegan a alcanzar precios astronómicos.

En otras regiones de Francia, en Italia, Portugal, España y Estados Unidos, así como en Argentina y Chile, se fabrican vinos espumosos o espumantes similares al Champagne. Sin embargo, la denominación de Champagne sólo puede ser legítimamente usada para los vinos del Noreste de Francia. Existen, también, vinos gasificados de dudosa calidad que pueden ser confundidos con los vinos espumosos tipo Champagne.

El Champagne se bebe frío, a una temperatura de entre 6 y 8 °C Debe ser enfriado progresivamente, ya sea en la parte menos fría del refrigerador o en un balde o tobo de metal con abundante hielo y agua que llegue hasta el cuello de la botella. No debe ponerse la botella en el congelador ni en la caseta de fabricar cubos de hielo.

Los tipos de Champagne servidos normalmente son el Brut (seco) y el Demi Sec o Doux (ligeramente dulce), Extra Brut, Desage Zéro. Otros tipos de Champagne, generalmente más costosos, son solicitados sólo por conocedores y pocos bares los mantienen en stock.

CYNAR

Licor amargo originario de Padova, en Italia, en base de vinos y maceración de alcachofas. Es muy digestivo. 16 grados.

COÑAC

Destilado de vino producido exclusivamente en Francia en el departamento de Charente. La producción y envejecimiento del coñac son controlados rigurosamente y en las botellas se indica su envejecimiento en la siguiente forma:

V. O. Very old 10 11 años

V.O.P. Very old pale 12 17 años

V. S. O.P. Very superior old pale 18 25 años

V. V. S. O. P. Very, very superior old pale 26 40 años

El Coñac es un licor muy distinguido y beberlo es señal de muy buen gusto. La manera de servirlo es un ritual solemne. Se bebe en copas especiales, las cuales son previamente calentadas. Su graduación es de 40. Los destilados similares al coñac producidos fuera del departamento de Charente se denominan brandy.

El coñac es una designación especial para un brandy que se produce en la región de Coñac, Francia. El brandy puede ser producido en cualquier otra parte. De forma que todo coñac es un brandy; pero no todo brandy es coñac.

COINTREAU

Fino licor originario de Francia a mediados del siglo XIX, triplemente filtrado. Se fabrica con vinos y maceración de naranjas y flores de azahar, las cuales le dan un aroma marcado. 40 grados. Es un excelente pousse-café.

CURACAO

Licor muy dulce fabricado en las Antillas Holandesas en base de la corteza de naranjas especiales llamadas "Curacao". El licor color naranja se presenta bajo el nombre comercial "Curacao Orange". Una variante también muy popular es la conocida como "Triple Sec", de color blanco y mucho menos dulce. 35 grados.

DRAMBUIE

Licor escocés hecho de whisky escocés envejecido durante 20 años al que se le añade miel de abejas y varias hierbas aromáticas locales. 40 grados. Es un fino pousse café.

FERNET

Licor aperitivo amargo y de color oscuro. Fabricado originariamente en la ciudad de Milán, Italia, en base a vino y plantas aromáticas de cualidades medicinales. Se bebe solo, con soda o combinado con Vermouth. 42 grados.

GRAND MARNIERR

Fino licor, originario de Francia, elaborado en la moderna destilería L'Apostolle en Neauple Le Chateau. Se fabrica en base de cognacs seleccionados y cáscaras de naranja tipo Curacao. Se bebe en copa de licor. También se le emplea en coctelería. Se elabora en dos tipos: cinta amarilla y cinta roja, siendo este último mitad cognac y mitad Grand Marnier. 40 grados.

GALLIANO

Licor amarillo dorado fabricado en Italia, de sabor muy característico, hecho de hierbas. Se bebe solo o con hielo y se usa como ingrediente en cócteles. 40 grados.

GRAPPA

Destilado obtenido del orujo de la uva de alta graduación alcohólica (40 a 50). Originario de Italia; también se fabrica en Argentina.

GINEBRA o GIN

Destilado cristalino fabricado en las Islas Británicas, sin añejamiento. Se obtiene por la destilación de cocimiento de trigo y centeno, con bayas de enebro (junípero) y diversos aromatizantes importados. Se suele confundir al Gin con el Genever holandés, del cual en realidad ha derivado históricamente. 40 a 43 grados. Es muy usado en cócteles y tragos largos. Se le atribuyen propiedades estabilizadoras del organismo después de haber bebido en exceso.

GENEVER

Ginebra holandesa, antecesora del Gin inglés. 35 a 39 grados. Se bebe generalmente sola bien helada.

JEREZ

Vino de fina calidad que se cría y elabora en España, en la zona de Andalucía. Es una mezcla de vinos de diferentes tipos de uva blanca, de diversas viñas y años. Es envejecido siguiendo técnicas muy especiales, y el producto final es un licor que se bebe en copas pequeñas, entre comidas o como aperitivo. En inglés se le conoce como "sherry", término que no debe ser confundido con "cherry" que significa cereza. Algunas variedades de Jerez son los conocidos como Fino, Manzanilla y Amontillado. Entre 15.5 y 17 grados.

KAHLUA

Licor elaborado en México con destilados de caña a los que se añade granos de café, vainilla y cacao. Muy usado en coctelería. 26.5 grados.

KIRSCH

Licor elaborado por destilación de zumo fermentado de una especie de cerezas silvestres que se producen en la llamada Selva Negra. Es de muy alta graduación alcohólica. Se bebe helado en copas de coñac.

KUMMEL

Aguardiente de papas y de cereales, fabricado en los diversos países del Norte de Europa, cuyo denominador común es el añadido de comino. Entre 35 y 45 grados.

MARASCHINO

Licor fabricado en Italia mediante la fermentación y esmerada destilación de la pulpa y hojas de cerezas marascas originarias de Zara, en la Dalmacia Yugoeslava, a lo cual se añaden almendras y miel. Entre 25 y 35 grados. No debe confundirse con la cereza llamada marrasquino que se usa para decorar cócteles y que viene con jarabe.

METAXA

Brandy de origen griego. Aproximadamente 40% de alcohol.

NOILLY PRAT

Vermouth de origen francés. Aproximadamente 16% de alcohol.

OPORTO (PORTO)

Vino generoso de la región de Douro, en Portugal. Generalmente se le agrega aguardiente vínico y es expuesto a cuidadosas técnicas de envejecimiento. La calidad de los Vinos de Oporto es controlada por el Instituto Oficial. Se bebe generalmente como aperitivo y entre comidas. Es, en cierta forma, la contraparte portuguesa del Jerez español. 15.5 a 20 grados.

PARFAIT AMOUR (PERFECTO AMOR)

Licor exótico de bello color lila, de origen francés, hecho en base de brandis con añadido de canela, flores, cedrina y cáscara de limón. Se le atribuyen propiedades afrodisíacas. 30 grados.

PASTIS

Licor aperitivo con anís, muy popular en Francia. Es muy digestivo y se suele beber con agua.

PISCO

Destilado cristalino de mostos y orujo de uva, originario de Perú; toma, el nombre de la ciudad de Pisco, 400 km al sur de Lima. También se fabrica, y en mayor volumen, en Chile. Algunos Piscos tienen un aroma o bouquet debido al tipo de uva empleado. 30 a 42 grados. Se bebe solo, mezclado con Ginger Ale o Coca Cola. El Pisco sour es el coctel nacional de Perú y en él se emplea un Pisco sin bouquet y, entre los demás ingredientes, lleva clara de huevo; es decorado con gotas de Amargo de Angostura.

PONCHE CREMA

Licor venezolano, preparado con base en aguardiente de caña, leche, huevo y aromatizantes.

PUNTE MES

Vermouth rojo español amargo.

RON

Destilado de jugos de caña de azúcar fermentados y de melaza de caña. Se envejece en toneles de roble durante 3 ó más años. Es producido en grandes volúmenes en Las Antillas, el Caribe y, en general, en toda Latinoamérica, excepto Argentina y Chile. La mayoría de los Rones que se expenden son mezclas de diferentes calidades de ron, seleccionados de acuerdo con su aroma, sabor y color. 40 a 45 grados. En Venezuela se controla estrictamente el tiempo de envejecimiento de los Rones. Es muy apreciado en todo el mundo y es muy usado en coctelería.

SAMBUCA

Licor de origen italiano muy dulce (tipo "anisette"). Existe en dos colores: blanco (más común) y negro. Aproximadamente 40% de alcohol.

SAKE

Bebida japonesa elaborada de la fermentación de arroz. 12 a 17 grados. Se bebe en pequeñas copas de porcelana, a temperatura ambiente, por lo cual se calienta ligeramente en las épocas frías.

SHERRY

Existen varios tipos de sherry: el "fino"(dry), el "amontillado" (seco o semi-seco), el "amoroso" (dulce) y el "oloroso" (seco o dulce).

STREGA

Licor italiano de color amarillo. Su nombre significa "bruja". En su aromatización intervienen muchas hierbas y cortezas, entre ellas las hojas de eucalipto. 35 grados.

TEQUILA

Es un aguardiente que se obtiene en México por fermentación y destilación de la savia del mamey tequilero o agave azul tequilana, variedad cactácea que crece en los alrededores de Jalisco, Tequila y Tepatitlán, en la región de Guadalajara. 40 grados. Suele beberse solo mientras se chupa limón con sal. Se emplea en algunos cócteles, tales como el Margarita.

TRIPLE SECO (TRIPLE SEC)

Con 40º de alcohol, es un licor incoloro. Se aromatiza con flores y frutas del naranjo silvestre.

VERMOUTH

Antiguo licor de origen italiano fabricado en base de finos vinos blancos a los que se han añadido muchas hierbas y otros saborizantes o especias, entre ellos, ajenjo, cilantro, quinina, manzanilla, clavo de olor, cáscara de naranja, genciana, Jengibre, pétalos De rosa, jumipero, etc. Se produce macerando las hierbas en vino, durante un año. Además De Italia se fabrica en Francia y, bajo licencia italiana, en otras partes del mundo. Se presenta en por lo menos cuatro tipos: Rojo (dulce), Blanco (dulce), rosado y Dry (blanco seco). El vermut seco es incoloro y el dulce es rojo. El rojo tiene 16º a 17º de alcohol y el blanco, 17º. Existe también el vermut seco o dry, que tiene 18.5º a 19º de alcohol. El rosado se elabora con vinos muy seleccionados.

VODKA

Destilado cristalino muy popular en Rusia y Polonia. Sus orígenes se remontan a los tiempos del zar Pedro el Grande. El vodka ruso se obtiene del alcohol refinado de trigo puro, sometido a un tratamiento con carbón de abedul y filtrado con arena de cuarzo. El vodka define a cualquier licor que pueda destilarse del arroz, la uva, la patata produciendo siempre licores similares. Tiene de 37º a 50º de alcohol. Es muy consumido en los Estados

Unidos de América. Se exporta de Rusia y Polonia en diversas graduaciones.. Se bebe solo, con hielo, con jugo de naranja o como base de muchos cócteles.

WHISKY

Con esta denominación se conocen varios destilados de origen y sabores diferentes. El más popular es el Whisky Escocés. Otros tipos son el Irlandés; el Canadiense; el Bourbon y el Rye Whikey norteamericanos. Los whiskies son destilados de diversos cereales fermentados, tales como cebada, trigo, maíz y centeno. Los whiskies escoceses son generalmente combinaciones o mezclas de diversos tipos de whiskies y toman la denominación de "blended whiskey". El whisky escocés es seguramente el licor más conocido en todo el mundo; tanto es así que se fabrica, con muy buena calidad y con marcas propias, en países tan diversos como Japón (Suntory) y Argentina (Premium). Generalmente 40 grados.

www.ingramcontent.com/pod-product-compliance
Lightning Source LLC
Chambersburg PA
CBHW071434180526
45170CB00001B/336